Karrierefrau

Wie Sie sich in einer männlich geprägten Berufswelt durchsetzen, um erfolgreicher im Beruf zu sein

INHALT

Vorwort

Dieses Buch bietet Ihnen einen motivierenden Leitfaden, mit dem Sie Ihren persönlichen Weg zu einem ausgeglichenen und durchsetzungsstarken Selbst finden. Mit einfach umsetzbaren Tipps sowie informativen Hintergründen und Konzepten zeige ich Ihnen Möglichkeiten auf, Ihr volles Potenzial zu entfalten und alles zu erreichen, was Sie sich vorgenommen haben. Aus meiner persönlichen und beruflichen Erfahrung habe ich sofort umsetzbare Methoden zusammengetragen, mit denen Sie Ihr Selbstbewusstsein nachhaltig stärken können und ab sofort souverän in Bewerbungsgespräche und Verhandlungen gehen. Informationen zu Persönlichkeitstypen und Teamdynamiken ermöglichen es Ihnen außerdem, sich im Berufsleben besser zurechtzufinden und durchzusetzen. Mit diesem Buch möchte ich alle berufstätigen Frauen und besonders auch jene in Führungspositionen und männerdominierten Berufen ermutigen, einen authentisch weiblichen Arbeits- und Führungsstil zu entwickeln und selbstbewusst im Arbeitsalltag umzusetzen. Denn den globalen Herausforderungen des 21. Jahrhunderts können wir nicht mehr mit einer einseitig männlichen Unternehmenskultur begegnen und brauchen dringend ausgleichende weibliche Führungs- und Managementqualitäten, um mehr Fairness und Nachhaltigkeit zu etablieren.

Frauen im Beruf - eine Einleitung

Trotz Emanzipation leben und arbeiten moderne Frauen auch im 21. Jahrhundert noch in einer überwiegend männlich geprägten Gesellschaft, die von Dominanz und Aggression statt von Kooperation und Teilhabe bestimmt wird. Ein Großteil der Frauen ist berufstätig, doch in den Chefetagen sind sie immer noch unterrepräsentiert. Wenn wir als Gesellschaft zukunftsfähig werden wollen, brauchen wir auch in Wirtschaft und Berufsleben mehr typisch weibliche Qualitäten und Fähigkeiten. Dieser praxisorientierte Leitfaden beginnt mit einem historischen Exkurs zum Wandel der Rolle der Frau, der deutlich macht, dass trotz großer Veränderungen in den letzten Jahrzehnten auch in unseren Köpfen eine echte Gleichberechtigung noch nicht erreicht ist. Beruf und Familie zu vereinen, stellt vor allem für Frauen noch immer eine sehr große Herausforderung dar, die nur mit den vereinten Kräften von Männern und Frauen bewältigt werden kann. Ein zentrales Ziel dieses Buches ist es, weibliche Eigenschaften und Fähigkeiten als starke Ressource im Berufsleben zu präsentieren. Authentisch, weiblich und erfolgreich sein, ist kein Widerspruch, sondern bedeutet eine große Chance für Sie und Ihr Unternehmen. Karrierefrauen – volle Fahrt voraus! lautet daher das Motto. Sie erfahren, wie Sie im Beruf souverän auftreten und verhandeln sowie Konflikte durch wertschätzende Kommunikation lösen. Praktische Tipps helfen Ihnen, sich gegen Diskriminierung und Sexismus in männerdominierten Bereichen zu behaupten. Sie erhalten außerdem praxisrelevantes Know-how, um Ihre individuelle Führungspersönlichkeit zu entwickeln und Ihr Team erfolgreich zu motivieren und zu führen. In einem ausführlichen Kapitel werden Sie auf schwierige Verhandlungen vorbereitet, sodass Sie sich in Zukunft in jedem Gespräch souverän und authentisch weiblich durchsetzen können. Da berufliches Networking von Frauen bisher nur unzureichend genutzt wird, ist auch diesem Thema ein Kapitel gewidmet. Außerdem erfahren Sie, wie Sie durch eine gelungene Work-Life-Balance mehr Erfolg in allen Lebensbereichen erzielen. Abschließend zeige ich Ihnen, wie Sie mit einer regelmäßigen Morgen-Routine mehr Lebensfreude und ein echtes Erfolgs-Mindset entwickeln können. Im Bonusteil erwartet Sie ein 3-wöchiges Praxisprogramm, mit dem Sie Ihr individuelles Erfolgs-Mindset entfalten und stärken, sodass Sie alles erreichen, was Sie sich beruflich und privat vorgenommen haben.

Frauen auf dem Weg nach vorne

Haben Sie schon einmal von einem Karrieremann gehört? Wahrscheinlich eher nicht. Von der Karrierefrau hingegen hört man öfter und je nach Kontext liegt Bewunderung, eher dezente Kritik oder sogar harsche Ablehnung hinter diesem Begriff verborgen. Ein erfolgreicher Mann ist etwas recht alltägliches, eine erfolgreiche Frau in leitender Position ist noch immer eine Nachrichtenmeldung wert. Auch im 21. Jahrhundert scheinen berufliche Ambition, sowie Erfolg für Frauen in Deutschland noch nicht vollkommen selbstverständlich zu sein. Knapp 100 Jahre nachdem wir durch das Frauenwahlrecht politische Gleichberechtigung erhalten haben, scheint die soziale und wirtschaftliche Gleichberechtigung jedoch noch nicht komplett erreicht zu sein. Was unterscheidet die Karrierefrau von ihrem männlichen Kollegen? Bildungsabschlüsse und Qualifikationen sind es nicht, denn auf diesem Gebiet haben Mädchen und Frauen längst aufgeholt. Im Vergleich zu Männern haben sie sogar zu einem größeren Anteil höhere Bildungsabschlüsse und ebenso weniger abgebrochene Schulausbildungen. Seit dem allgemeinen Wahlrecht für Frauen im Jahr 1918 und dem Gleichstellungsparagrafen von 1949 ist viel Zeit vergangen und die meisten Aspekte des alltäglichen Lebens können Frauen heutzutage selbstbestimmt gestalten. Doch Frauen leben und arbeiten trotzdem noch immer größtenteils in einer von männlichen Strukturen und Denkweisen dominierten Welt.

Der Begriff **„gläserne Decke"** beschreibt das leider noch zu häufig auftretende Phänomen, dass hochqualifizierte Frauen innerhalb eines Unternehmens oder einer Organisation allzu oft im mittleren Management hängen bleiben, obwohl sie vergleichbare Qualifikationen und Leistungen wie die bevorzugt beförderten Kollegen mitbringen. Nicht offensichtliche, unsichtbare Faktoren und Prozesse bewirken, dass Frauen im realen Leben in zu vielen Fällen effektiv von Führungspositionen ausgeschlossen sind. Diese Faktoren liegen einerseits in bereits überholten, jedoch noch nicht ganz überwundenen Geschlechterklischees der Gesellschaft und in manchen Fällen ebenfalls im Mindset der arbeitenden Frauen begründet, die sich leider noch viel zu oft selbst klein machen und ihre Durchsetzungskraft nicht voll entfalten. Psychologie und geschlechtsspezifische Erziehung und Sozialisation sind meist unbewusste Fallstricke, die jede Frau für sich selbst angehen kann, um ihre beruflichen Chancen zu verbessern und ihre persönliche Erfolgsvision umzusetzen.

Gender Pay Gap bezeichnet die Differenz des durchschnittlichen Bruttogehaltes von Männern und Frauen. Diese Gehaltslücke zwischen den Geschlechtern ist ein deutliches Anzeichen für eine noch immer existierende Ungleichheit auf dem Arbeitsmarkt. Diese Gehaltsdifferenz zwischen Männern und Frauen hat verschiedene Ursachen. Zu den bestimmenden Faktoren gehören u. a. geschlechterspezifische Erwerbsbiografien und auch die jeweils gewählten Arbeitsbereiche oder Branchen. Es ist bekannt, dass Erwerbsunterbrechungen und Teilzeitarbeit sich negativ auf die Entlohnung und die Karriere insgesamt auswirken. Beides betrifft in erster Linie Frauen, da diese durch Mutterschaft eine Unterbrechung ihres Berufsweges in den meisten Fällen nicht vermeiden und später häufig nur noch in Teilzeit wieder in den Beruf einsteigen können. Seit etwa 20 Jahren hat sich der Gender Pay Gap nicht wesentlich verändert. Rund 20 % weniger Gehalt verdienen Frauen im Vergleich zu ihren männlichen Kollegen. In den Bereichen Kunst und Kultur, technische und wissenschaftliche Dienstleistungen sowie Banken und Versicherungen liegt die Differenz sogar bei rund 30 %. Nach Berechnungen des Weltwirtschaftsforums wird der Gender Pay Gap mit der bisherigen Entwicklung in 217 Jahren geschlossen sein. In den untersuchten Volkswirtschaften stieg der Anteil der Frauen in Führungspositionen in den letzten 10 Jahren lediglich um ca. 2 % an. Die Lücke schließt sich also nur sehr langsam. Gesundheitswesen, Erziehungssektor und Non-Profit-Organisationen sind die einzigen Bereiche, in denen teilweise sogar über 40 % weiblicher Führungskräfte anzutreffen sind. Es hat sich gezeigt, dass Frauen in Führungspositionen in der Regel dafür sorgen, dass flächendeckend und auch in Führungspositionen mehr Frauen eingestellt werden. Die Strategie, um mehr Frauen in Führungspositionen zu bringen, wäre daher, bereits mehr Frauen in Führungspositionen zu haben, die wiederum vermehrt Frauen anheuern. Das erscheint zunächst einmal als ein nicht zu lösendes Paradoxon. Doch so muss es nicht sein. Initiativen wie der **Equal Pay Day**, der den Gender Pay Gap in Form nicht entlohnter Arbeitstage nachvollziehbar darstellt, machen auf diese Ungerechtigkeit aufmerksam und können einen Anlass zu politischen Veränderungen bieten. 2018 wurde in Deutschland das Entgelttransparenzgesetz eingeführt, das es Angestellten ermöglicht, ihre Entlohnung mit der Bezahlung anderer Kollegen zu vergleichen. Inwiefern das neue Gesetz eine Verbesserung der Situation bringen wird, bleibt abzuwarten. Die Bundesregierung hat angekündigt, den Gender Pay Gap bis 2030 halbieren zu wollen. Im Vergleich zu Island, wo die Lücke bis 2022 durch staatliche Sanktionen komplett geschlossen werden soll, erscheint das deutsche Vorhaben doch sehr zögerlich. Mit Sicherheit brauchen wir noch mehr Frauen, die selbstbewusst ihre Stimme erheben und sich im eigenen Interesse und dem aller Frauen für mehr Gerechtigkeit im Berufsleben einsetzen. (vgl. BPB DOSSIER, DUKE 2017) Um die sehr komplexe, aktuelle Situation der berufstätigen Frauen in Deutschland besser zu verstehen, sollten wir zuerst einen Blick auf die Geschichte der Frauen im 20. Jahrhundert werfen. Nur so lässt sich nachvollziehen, warum politische Gleichstellung nicht automatisch auch zu gesellschaftlicher Gleichberechtigung führt.

WO WIR HERKOMMEN: DAS FRAUENBILD DER 50ER JAHRE

Die 50er Jahre waren in der Bundesrepublik Deutschland die Zeit des Wirtschaftswunders und der christlich geprägten Kernfamilie mit dem arbeitenden Vater im Zentrum und der Ehefrau an seiner Seite, die sich als Hausfrau um Haushalt und Kinder kümmerte. Publikationen aus dieser Zeit helfen, die damaligen Rollenbilder besser zu verstehen. Im „Good House Wife's Guide", der 1955 in den USA publiziert wurde, finden sich interessante Anforderungen und Hinweise an Ehefrauen, die sich in sehr ähnlicher Form ebenfalls in zahlreichen europäischen und deutschen Büchern dieser Zeit wiederfinden. **Was ist zu tun, wenn der Ehemann von der Arbeit nach Hause kommt?** Hier sind einige aufschlussreiche Antworten des populären Ratgebers für Frauen:

Trage etwas Make-up auf und binde deine Haare hoch, damit du attraktiv aussiehst, wenn dein Mann nach Hause kommt. Es ist die Aufgabe der Frau, für ihren Mann interessant zu sein. Bereite auch die Kinder auf seine Ankunft vor, bürste ihre Haare, wasche ihnen Gesicht und Hände und ermahne sie, am Abend besonders leise zu sein.

Mach es deinem Mann gemütlich, bereite einen Feierabend-Drink für ihn vor und biete ihm an, seine Schuhe auszuziehen. Das Abendessen sollte dann selbstverständlich bereits fertig sein. Weder der Lärm von Waschmaschine, Staubsauger oder Kindergeschrei sollten den Ehemann am Abend stören. Erledige deine Aufgaben, bevor er von der Arbeit kommt und bereite ihm einen perfekten Feierabend nach einem anstrengenden Arbeitstag.

Wenn dein Mann nach Hause kommt, denk daran, dass seine Themen wichtiger sind als deine und lass ihn sprechen. Frage deinen Mann nicht aus, denn als Ehefrau hast du kein Recht, den Hausherrn zu hinterfragen. Sprich mit angenehmer Stimme, beschwere dich nicht und kenne als gute Ehefrau immer deinen Platz. (vgl. KÖLLGES 2015)

In dieser kurzen Zusammenfassung eines historischen Textes wird die offiziell akzeptierte bzw. erwünschte Rolle der Frau im Weltbild der 50er Jahre für moderne Leserinnen in beinahe schmerzhafter Weise deutlich. Ehefrau und Mutter zu sein, ist alternativ zur Berufstätigkeit selbstverständlich eine respektable Lebensalternative. Doch problematisch wird es für eine emanzipierte Persönlichkeit, wenn die Hausfrau in erster Linie dazu da ist, um das Leben ihres Ehemannes so angenehm wie möglich zu gestalten. Frau und Kinder haben in dieser Rollenverteilung die Aufgabe, den Herrn des Hauses zu erfreuen und keinesfalls mit persönlichen Nichtigkeiten zu stören. Neben dem haarsträubenden Frauen- und Männerbild springt auch die Missachtung der Haushaltsarbeit ins Auge. Die bezahlte Erwerbstätigkeit des Mannes ist heilig und muss von allen Familienmitgliedern mit aller Kraft unterstützt und wertgeschätzt werden, denn er ernährt die Familie. Doch dass ohne die Arbeit der Frau trotzdem kein Essen auf dem Tisch stände und das Haus unbewohnbar wäre, ist nicht der Rede wert. Idealerweise verrichtet die gute Hausfrau wie ein Wichtel ihre Arbeit ungesehen und unbemerkt, sodass ihr Mann stets eine ausschließlich hübsch zurecht gemachte, lächelnde Vorzeigefrau zu Gesicht bekommt. Auch wenn die Hausfrauen der 50er und 60er Jahre diesen Ansprüchen sicher nicht immer so konsequent aufopfernd und gefällig nachkamen, so mussten diese Frauen doch einem gesellschaftlichen Anspruch gerecht werden, der Selbstverleugnung und Unterordnung forderte. Im Gegenzug durften sie sich glücklich schätzen, eine Familie zu haben und konnten keine weitere persönliche Anerkennung für ihre im Häuslichen verborgene Arbeit erwarten.

Umso erstaunlicher ist dieses Frauenbild der 50er Jahre, wenn man bedenkt, dass die Frauen während des 2. Weltkrieges und in den ersten Nachkriegsjahren meist allein für sich und ihre Kinder gesorgt hatten, während die Männer als Soldaten an der Front oder später in Gefangenschaft waren. Frauen gingen in diesen Jahren arbeiten und zogen ihre Kinder ganz allein, ohne Mann groß. Mit der Rückkehr der Männer aus dem Krieg hatte der Hausherr dann plötzlich wieder das letzte Wort in Familie und Erziehung und übernahm, wenn er gesundheitlich in der Lage war, schnellstmöglich auch erneut die alleinige Versorgerfunktion. Es ist wohl so, dass in den Nachkriegsjahren eine starke, allgemeine Sehnsucht nach Stabilität und Ordnung zu einer Rückbesinnung auf die klassische Familienstruktur führte. Selbst wenn Frauen nicht zurück ins Haus und an den Herd wollten, machte es ihnen die bürgerliche Gesetzgebung dieser Zeit sehr schwer, ohne einen Ehemann und männlichen Versorger und Vormund zu leben. 1953 bestätigte das Verfassungsgericht den Gleichberechtigungssatz von Männern und Frauen im Verfassungskatalog des Grundgesetzes. Dies war ein wichtiger Schritt, der jedoch noch nicht zu einer Gleichstellung in allen Lebensbereichen führte. Der Mann als Familienoberhaupt und Alleinversorger wurde weiterhin durch zahlreiche Gesetze geschützt und die Familienpolitik der Bundesrepublik hielt Frauen so auch systematisch vom Arbeitsmarkt fern. Als sogenannte Keimzelle des Staates wurde die patriarchal organisierte Kernfamilie im westlichen Nachkriegsdeutschland zum Idealbild, das von staatlicher Seite gefördert und forciert wurde. Die aus der Abwesenheit der Männer erwachsene Verantwortung und Freiheit der Frauen wurden so zügig und sehr effektiv wieder rückgängig gemacht. Das konservative politische Establishment propagierte offensiv ein christliches Familienideal vor allem auch als Gegenbild zum atheistischen Kommunismus, dem allgegenwärtigen Feindbild des kalten Krieges.

In der DDR hingegen wurde die Rolle der Frau in der Nachkriegszeit recht anders definiert und staatlich propagiert. Ein genereller Arbeitskräftemangel und eine wirtschaftlich sehr unterschiedlich gelagerte Situation führten hier zur schnellen Integration von Frauen in die

Arbeitswelt. Das Ideal des staatstreuen Produktionsarbeiters sollte für Männer und Frauen gleichermaßen gelten. Im Westen mussten die Frauen im Sinne der konservativ-christlichen, anti-kommunistischen Staatsideologie zurück an den Herd, im Osten mussten sie zum Wohl des sozialistischen Staates in die Betriebe. Vollzeitarbeit wurde im Gegensatz zum westlichen Modell im SED-Staat von Anfang an durch entsprechende Infrastruktur wie z. B. Krippenplätze vorangetrieben. Kinderbetreuung wurde generell wesentlich früher angeboten und ausgebaut. Auch die soziale Absicherung alleinerziehender Mütter war im Vergleich wesentlich besser, sodass die Abhängigkeit von einem männlichen Ernährer deutlich weniger ausgeprägt war als in der BRD. Uneheliche Schwangerschaften waren dadurch für Frauen im Allgemeinen etwas weniger prekär und sozial stigmatisiert. In der öffentlichen Ansprache waren Frauen von staatlicher Seite zunächst Genossinnen und Arbeiterinnen und weniger Ehefrau und Mutter, doch die Arbeit im Haushalt galt weiterhin als typisch weiblich. Diese Doppelbelastung durch Beruf und Haushalt wurde hingenommen und untergrub letztendlich auch die oberflächlich emanzipatorischen Bestrebungen der DDR. (vgl. MARX FEREE 2018) Festhalten lässt sich, dass die sehr unterschiedlichen Rahmenbedingungen in West- und Ostdeutschland jeweils nicht zum Wohlergehen der einzelnen Frauen, sondern in erster Linie zum Wohle des jeweiligen Staates etabliert wurden. Erst in den späten 60er und in den 70er Jahren führten unterschiedliche gesellschaftliche Bewegungen zu einer noch immer andauernden Veränderung der Lebenswelten und des Selbstverständnisses von Frauen und Männern. Wie wir aus dem sehr restaurativen Welt- und Familienbild der 50er Jahre im 21. Jahrhundert mit seinen vielfältigen, global inspirierten und digital verbreiteten Lebenskonzepten gelandet sind, betrachten wir im nächsten Abschnitt etwas genauer.

MODERNE REVOLUTIONEN – JETZT WIRD ALLES ANDERS!

Die Friedens- und Frauenrechtsbewegungen, die in den **60er Jahren** ihren Anfang nahmen, sowie die Popularisierung der freizügigen und lustvollen Hippie-Kultur veränderten die starren gesellschaftlichen Konventionen in vielen Ländern rund um die Welt. Auch in der BRD formierte sich eine eher männlich dominierte Studentenbewegung und außerdem zahlreiche alternative Frauengruppen und -initiativen gegen das herrschende, konservative Establishment. In der westdeutschen Frauenbewegung war das Thema Erwerbsarbeit für Frauen anders als in anderen Ländern Europas oder den USA nicht zentral. Die eher antikapitalistisch ausgerichteten Bewegungen forderten vor allem „Lohn für Hausarbeit" als Strategie zur finanziellen und sozialen Unabhängigkeit der Frauen. Die Ehe galt in dieser Zeit nicht mehr als absolutes Pflichtprogramm, doch das traditionelle Familienbild hatte noch eine starke gesellschaftliche Macht, die weit über die 60er und 70er Jahre hinauswirkte. Nach dem Babyboom der 50er und frühen 60er Jahre knickten die Geburtenraten deutlich ein und es prägte sich die anhaltende Tendenz aus, dass Frauen in Westdeutschland später Mütter werden und weniger Kinder haben. Durch die deutlich anders ausgerichtete Sozialpolitik zeichnete sich dieser Trend in Ostdeutschland allerdings nicht ab. Hier bekamen die meisten Frauen trotz Vollzeit-Erwerbstätigkeit bereits mit Anfang und nicht mit Ende Zwanzig ihr erstes Kind. Die gesellschaftlichen und moralischen Umwälzungen, die die 68er-Bewegung eingeläutet hatte, führten nach und nach dazu, dass sich Frauen in der Bundesrepublik vehement gegen benachteiligende Gesetzgebung zu Wehr setzten und den Boden für eine neue, selbstbestimmtere Frauengeneration bereiteten.

Es erstaunt zunächst etwas, dass im Jahr 1968 in der Bundesrepublik nur rund 45 % der Frauen erwerbstätig waren, wohingegen in den USA zu diesem Zeitpunkt bereits zwei Drittel der Frauen einen Beruf ausübten. Wie bereits erwähnt, stand Gleichberechtigung im Berufsleben in der Bundesrepublik nicht allzu weit oben auf der Agenda der Frauenrechtlerinnen. Das Familien-Modell des „männlichen Ernährers", welches die konservativ-christliche Politik gesetzlich und auch gesellschaftlich fest verankert hatte, dominierte den Alltag der meisten Menschen trotz aller Liberalisierungen weiterhin. Bis Ende der 70er Jahre brauchten Frauen die offizielle Zustimmung ihres Ehemannes, um einen Arbeitsvertrag abzuschließen. Gab dieser seine Einwilligung nicht, konnte die Frau nicht arbeiten. Aus heutiger Perspektive unvorstellbar, doch diese Zeit liegt noch gar nicht so lang zurück. Für Mütter war aufgrund der fehlenden Infrastruktur Erwerbstätigkeit in den meisten Fällen sowieso keine Alternative. Von den 60er Jahren bis Mitte der 80er Jahre stieg die Zahl der erwerbstätigen Frauen dann auch nur sehr gering an. Mangelnde Infrastruktur für arbeitende Mütter war sicher weiterhin ein Hinderungsgrund für viele Frauen, die gern einen Beruf ausgeübt hätten. Allgemein bestand politisch und gesellschaftlich allerdings auch die Sorge, dass eine unverheiratete, arbeitende Frau einem Familienvater den Job wegnehmen könnte. Damit wäre die konservativ-christliche Keimzelle des Staates, die Kernfamilie mit ihrem männlichen Oberhaupt, in Gefahr und das musste verhindert werden. Wenn eine Frau schon arbeiten musste, dann sollte sie sich wenigstens einen angemessenen Beruf wie Lehrerin, Krankenschwester und Verkäuferin aussuchen. In diesen Frauendomänen, die gern auch niedriger entlohnt wurden, konnten die arbeitenden Damen wenigstens nicht den Männern bzw. Familienvätern in die Quere kommen. Unterschiedliche Arbeitsschutzgesetze, die u. a. Nacht- oder Schichtarbeit regelten, führten teilweise bis in die 90er Jahre zum systematischen Ausschluss von Frauen aus unterschiedlichen handwerklichen und technischen Branchen. Auch hier können wir wieder eine abweichende Entwicklung im Osten Deutschlands beobachten, wo Frauen nicht nur zur Vollzeitarbeit, sondern auch zur Ausübung von klassischerweise männerdominierten technischen und handwerklichen Berufen motiviert wurden. So ergab sich auch weiterhin ein jeweils deutlich anderes Bild der Frauenerwerbsarbeit im geteilten Deutschland. Trotz der unterschiedlichen Situation hinsichtlich der Berufsausübung und finanziellen Unabhängigkeit teilten Frauen in Ost und West das gemeinsame Los einer patriarchal dominierten Kultur, die unbezahlte Hausarbeit als Frauensache sieht und nicht weiter thematisiert, auch wenn beide arbeiten gehen. Trotz der Bemühungen der westdeutschen Frauenbewegung ist der wirtschaftliche Wert von Hausarbeit und Kinderbetreuung bis heute gesellschaftlich und politisch nicht anerkannt. In der Bundesrepublik führte die Frauenrechtsbewegung in den 70er und 80er Jahren zu einer Liberalisierung der Themen Sexualität und Familienplanung (Beispiel § 218), doch in der Arbeitswelt waren Ungleichbehandlung und Lohndiskriminierung immer noch gesetzlich und gesellschaftlich fest verankert. Auch das konservative Familienmodell mit dem männlichen Erwerbstätigen im Mittelpunkt wurde nie völlig über Bord geworfen. Allerdings ergaben sich vermehrt Chancen, dass Frauen und Menschen im Allgemeinen ihre persönlichen und beruflichen Ziele ungeachtet des Geschlechts oder anderer Merkmale alternativ zum herrschenden Mainstream umsetzen und ausleben konnten. (vgl. MARX FEREE 2018, BRUNNER/ GAMPERL 2017)

In den 80er Jahren bahnte sich im kommunistischen Osten und damit auch im geteilten Deutschland eine politische Revolution an, die schließlich friedlich verlief und für die sogenannten neuen Bundesländer trotzdem in einer wirtschaftlichen Katastrophe endete. Die statistische Erhebung des **Frauenreports ´90** zeigte, dass im Jahr 1990 noch 90 % der arbeitenden DDR-Bürgerinnen in Vollzeit berufstätig waren, während zu dieser Zeit die meisten Frauen in Westdeutschland in Teilzeit arbeiteten. Im Osten trugen Frauen durchschnittlich 40 % zum Familieneinkommen bei, im Westen hingegen nur rund 18 %. Die Massenarbeitslosigkeit nach der Wende war damit für die Haushalte in den neuen Bundesländern umso verheerender. Wie bereits geschildert, gehörte die Berufstätigkeit für die meisten ostdeutschen Frauen zu ihrem gewohnten elbstverständnis und so wurde die Wende mit ihrer Massenarbeitslosigkeit und den neuen westdeutschen Arbeitsmarktbedingungen besonders auch für Frauen zu einer schweren Herausforderung. In der DDR waren Frauen in Männerberufen gefördert worden, was viele technisch und handwerklich ausgebildete Fachfrauen im vereinigten Deutschland vor Probleme stellte. Der Arbeitsmarkt von 1992 offerierte in den neuen Bundesländern 40 % der offenen Stellen nur an Männer, 11 % nur an Frauen und lediglich 49 % ohne Einschränkung an beide Geschlechter. In den alten Bundesländern waren es zur gleichen Zeit rund 25 % der offenen Stellen, die nur an Männer gerichtet waren, 12 % Stellen nur für Frauen und 65 % ohne Einschränkung. Ein gleichgestellter Zugang zum Arbeitsmarkt war also in Deutschland allgemein nicht gegeben. Außerdem hatte es im Osten etwa 100.000 Frauen im oberen Management gegeben. 1992 war diese Zahl so stark gesunken, dass sie aus jeder Statistik herausfiel. Auch weibliches Hochschulpersonal war in großem Ausmaß von Arbeitslosigkeit betroffen, da das westdeutsche Hochschulsystem sie aus unterschiedlichen Gründen nicht integrieren konnte. Wie viel Fachwissen und hochqualitative Arbeitskraft dem gesamtdeutschen Arbeitsmarkt durch diese Entwicklungen verloren ging, ist in keiner Statistik aufgeführt, doch lässt es sich erahnen. Aus westdeutscher Perspektive geht dieser Aspekt der Wende schnell verloren, doch für eine Betrachtung unserer aktuellen gesamtdeutschen Situation sind die Erfahrungen der ostdeutschen Frauen genauso relevant wie die der westdeutschen. Im Verlauf der Wiedervereinigung waren schließlich auch 45 % der 50- bis 60-Jährigen vollständig aus dem Arbeitsmarkt verdrängt worden. 30 % der anderen Hälfte dieser Altersgruppe waren arbeitssuchend. Viele Frauen und auch Männer waren schließlich gezwungen, eine Arbeitsstelle deutlich unter ihrer ursprünglichen Qualifikation anzunehmen, um nicht in die Langzeitarbeitslosigkeit abzurutschen. 1989 hatten die Frauen im Osten außerdem bereits 76 % des Lohns eines Mannes erhalten, im Westen waren es zeitgleich nur 68 %. Hinzu kamen dann noch die deutlich unterschiedlichen Tarifverträge für Ost und West, die für zusätzliche Lohndiskriminierungen sorgten. Rein auf die Arbeitssituation und Kinderbetreuung bezogen, bedeutete der Übergang in die gesamtdeutsche Realität für die meisten ostdeutschen Frauen einen Rückschritt und eine Einschränkung ihrer persönlichen und beruflichen Lebensgestaltung, denn Gehalts-, Steuer- und Schulsysteme in der BRD waren noch immer auf den Mann als Hauptversorger ausgerichtet. Die Zahl der nicht-ehelichen Geburten lag im Jahr 1989 im Osten bei 34 %, im Westen hingegen bei 10 %. Dieser mehr als dreimal so hohe Wert zeugt auf jeden Fall auch von den damals unterschiedlichen sozio-normativen und politisch-infrastrukturellen Lebenssituationen für Frauen und besonders auch für nicht verheiratete, berufstätige Mütter in Ost- und Westdeutschland. Im Laufe der 90er Jahre glichen sich die Bedingungen in Deutschland langsam an, wobei der Osten bis heute in weiten Teilen schwierigere Arbeitsmarktbedingungen als der Westen bereithält. Die zunehmende Globalisierung und das sich verschärfende Lohndumping in Branchen, die ohnehin schon niedrige Löhne zahlen, erschwerten die Existenzsicherung für viele Männer und Frauen und besonders auch für Alleinerziehende, die wiederum größtenteils Frauen sind. (vgl. MARX FEREE 2018, BPB DOSSIER) Die 90er Jahre führten sozio-kulturell zu einer weiteren Öffnung für alternative Lebensmodelle wie Partnerschaft und Familie ohne Trauschein, Patchworkfamilien oder gleichgeschlechtliche Lebensgemeinschaften, die sich in den 80ern schon auszuformen begonnen hatten. Zusammenfassend lässt sich sagen, dass politische und soziale Bewegungen vieles, jedoch bei Weitem nicht alles verändert haben und systemische Ungleichheit zwar angegangen, aber nicht abgeschafft werden konnte. Im letzten Abschnitt dieses Kapitels nähern wir uns dann schließlich unserer aktuellen Situation mit einem Überblick der ersten zwei Jahrzehnte des neuen Jahrtausends und den Perspektiven für die nähere Zukunft.

WO WIR STEHEN: LEBEN & ARBEITEN IM 21. JAHRHUNDERT

Bevor wir uns der Zeitgeschichte und Gegenwart zuwenden, um unseren historischen Exkurs abzuschließen, fassen wir das Familien- und Frauenbild des eingangs erwähnten 50er-Jahre-Ratgebers noch einmal kurz zusammen: Dem männlichen Familienoberhaupt bzw. Alleinversorger steht alle Aufmerksamkeit zu, da er die Familie mit seinem Einkommen ernährt.

Eine gute Ehefrau:

- Organisiert Haushalt und Familie so, dass der Mann davon nichts mitbekommt und in seiner freien Zeit nicht davon gestört wird.
- Bereitet ihrem Mann jeden Abend einen entspannenden Feierabend mit pünktlich zubereitetem Essen und kleinen Extras wie einem besonderen Drink.
- Belästigt ihren Mann nicht mit ihren Themen, fragt nicht nach und hört geduldig zu.
- Macht sich für ihren Mann zurecht, damit er am Abend einen schönen Anblick genießen kann.
- Hat keine eigenen Bedürfnisse und keinen Anspruch auf Mitbestimmung.
- Erwartet für ihre unentgeltliche Arbeit keine Anerkennung und keinen Freizeitausgleich.

Seit den 50er Jahren ist viel geschehen und hat sich noch mehr verändert, doch einige Punkte dieser Liste kommen auch einer modernen Frau des 21. Jahrhunderts zumindest im Kern irgendwie vertraut vor. Die mangelnde Anerkennung für die häusliche Arbeit ist nach wie vor ein ungelöstes Thema. Auch heutzutage erledigen Frauen durchschnittlich doppelt so viel Hausarbeit wie ihre männlichen Partner. Nicht berufstätige Frauen hören von beiden Geschlechtern immer mal wieder, dass sie „nur" Hausfrauen seien. Wie wir gesehen haben, hatte auch das ostdeutsche Familienmodell trotz hoher Frauenerwerbsquote keine Lösung für das Thema Hausarbeit parat. Erstaunlich unreflektiert sind Haushalt und Kinderbetreuung im gesamtgesellschaftlichen Verständnis immer noch Frauensache, die im Zweifelsfall eben diskret nebenbei erledigt wird. Inwiefern Mütter ein Recht auf eigene Bedürfnisse und Freiräume haben, ist trotz aller Annäherung der modernen Elternrollen von Mutter und Vater für viele Frauen noch ein heikler Punkt, in dem gesellschaftliche Erwartungen und Wertungen eine wichtige Rolle spielen. Berufstätige Väter sind alltäglich, berufstätige Mütter zwar bereits normal, doch in einigen Kontexten immer noch kritisch beäugt. Auch das Phänomen, dass das äußere Erscheinungsbild von Frauen im Gegensatz zu dem von Männern wesentlich häufiger positiv oder negativ thematisiert wird, ist modernen Frauen aus dem eigenen Privat- und auch Berufsleben allzu häufig bekannt. Es ist so, dass wir uns als Gesellschaft seit der Nachkriegszeit durchaus verändert haben, doch einige Ungleichheit fördernde Grundeinstellungen immer noch im kollektiven Verständnis virulent sind. Wenn wir uns dessen nicht bewusst sind, laufen wir trotz aller Emanzipation und bereits erfolgter Gleichstellung Gefahr, als berufstätige Frauen in alte Denkmuster und Rollenverständnisse zu verfallen und uns das Leben unnötig schwer zu machen.

Betrachten wir noch ein paar Zahlen zur Entwicklung weiblicher Berufstätigkeit in den letzten 20 Jahren. Im **Jahr 2000** herrschte im innerdeutschen Vergleich noch immer ein leichtes Ost-West-Gefälle mit 62 % Frauen-Erwerbsquote im Westen und 72 % im Osten (im Vergleich zu 80 % bei den Männern in Ost und West). Berufstätige Mütter arbeiteten im Westen größtenteils in Teilzeit, im Osten weiterhin vermehrt in Vollzeit. Rund 30 % der ostdeutschen Frauen und rund 20 % der westdeutschen Frauen waren dabei unterhalb ihrer Qualifikation beschäftigt (im Vergleich zu 20 % der Ost-Männer und 14 % der West-Männer). Im europäischen Vergleich hat sich in Deutschland das „männliche Ernährer-Modell" besonders stark erhalten. So kam es auch, dass die Variante „Mann Vollzeit – Frau Teilzeit" sich in der Zwischenzeit etablierte. Sozial-gesetzliche Strukturen wie Ehegattensplitting, Krankenkassen-Mitversicherung von Ehepartnern und Halbtagsschulen zementieren das „männliche Ernährer-Modell" weiterhin. Erwerbstätigkeit bei Frauen und Müttern nahm generell zu, doch quantitativ und qualitativ trat keine gleichberechtigte Situation mit dem männlichen Teil der Bevölkerung ein. 2009 waren rund 80 % der Teilzeitstellen und 35 % der Vollzeitstellen mit Frauen besetzt. In einem Artikel der Bundeszentrale für politische Bildung aus dem **Jahr 2010** wird angegeben, dass zu diesem Zeitpunkt 44 % der deutschen Erwerbstätigen Frauen waren. In der ersten Führungsebene betrug der Frauenanteil jedoch nur 25 % und in der zweiten Führungsebene lag er bei 35 %. Damit waren 10 % aller erwerbstätigen Männer (jeder 10. Mann) in einer Führungsposition, bei den Frauen waren es lediglich 4 % (jede 25. Frau). Zusätzlich variierte der Frauenanteil auch je nach Branche und Unternehmensgröße deutlich. (vgl. BPB DOSSIER)

Die aktuellen Daten des Statistischen Bundesamtes für das **Jahr 2019** zeigen weiterhin leichte Veränderungen, jedoch keine grundlegende Verbesserung der allgemeinen Ungleichheiten zwischen erwerbstätigen Männern und Frauen. Insgesamt stellten Frauen 46,6 % der arbeitenden Bevölkerung (50,8 % der Gesamtbevölkerung), allerdings waren nur 29,4 % der Führungspositionen von Frauen besetzt. Knapp unter 80 % der Teilzeitangestellten und rund 35 % der Vollzeitbeschäftigen sind Frauen. In der Gruppe der Arbeitnehmer bilden Frauen fast die Hälfte, bei den Selbstständigen mit Beschäftigten hingegen lediglich 25 %. Überproportional sind sie wiederum mit rund 66 % bei den mithelfenden Familienangehörigen vertreten. Seit 1999 ist auch der Anteil der erwerbstätigen Frauen zwischen 55 und 64 Jahren um knapp 10 % auf 47,5 % gestiegen. Im zeitlichen Verlauf ist mit jeder folgenden Generation eine vermehrte Berufstätigkeit zu beobachten. Nach Angabe des Statistischen Bundesamtes können aktuell 68 % der Frauen zwischen 20 und 64 Jahren ihren Lebensunterhalt durch eigene Berufstätigkeit finanzieren (gegenüber 80 % der Männer). 2008 waren es im Vergleich dazu nur 59 % der Frauen, die finanziell unabhängig waren. Was Ausbildung und Qualifizierung betrifft, haben Frauen statistisch gesehen die Männer bereits überholt, doch in den beruflichen Positionen und Gehältern spiegelt sich dies (noch) nicht wider. Der Anteil der erwerbstätigen Frauen ist kontinuierlich gestiegen, doch unterschiedliche Gründe wie u. a. mangelnde Kinderbetreuung verhindern noch immer, dass alle Frauen so arbeiten können, wie sie es gern würden. Das bedeutet auch, dass das in Deutschland vorhandene Potenzial gut ausgebildeter Frauen nicht ausgeschöpft wird und verloren geht. (vgl. STATISTISCHES BUNDESAMT)

Wir leben in einer Gesellschaft, in der die individuellen Chancen und die soziale Absicherung zu einem großen Teil von der Partizipation an Erwerbsarbeit abhängen. Gleichberechtigung bedeutet also auch, dass jeder Bürger und jede Bürgerin mit gleichen Chancen an der Arbeitswelt teilhaben können muss. Ein Teil der Teilzeitbeschäftigten in Deutschland würde gern mehr arbeiten, hat aber keine Möglichkeit dazu. Hinzu kommt, dass Teilzeitstellen besonders häufig im Niedriglohnsektor angeboten werden, wo Gehalt und Aufstiegschancen in der Regel stark begrenzt sind. Ein existenzsicherndes Einkommen bieten Teilzeitstellen nur in sehr wenigen ausgewählten Berufssparten. Da Frauen den größten Anteil der Teilzeitstellen besetzen, sind sie auch weiterhin eher davon bedroht, trotz Erwerbsarbeit ihren Lebensunterhalt nicht sicher bestreiten zu können, vor allem wenn sie Kinder zu versorgen haben. Auf der anderen Seite bieten immer mehr weibliche Erfolgsgeschichten aus der modernen Arbeitswelt jede Menge Inspiration und Anregung, um selbstbewusst und optimistisch einen eigenen beruflichen Weg zu gehen. Wir befinden uns mitten in der digitalen Revolution, die das Arbeitsleben bereits verändert und neue Arbeitsformen und Unternehmensmodelle hervorbringt. In Gesellschaft und Medien werden immer vielfältigere Lebensmodelle Schritt für Schritt mainstreamfähig. Durch digitale Netzwerke ist es so einfach wie nie, sich mit Gleichgesinnten zu verbinden und Unternehmen und Initiativen zu starten. Das 21. Jahrhundert birgt viele spannende Möglichkeiten, die wir bewusst nutzen sollten.

Kinder & Karriere – die Doppelrolle

Die Arbeitswelt und der Arbeitsmarkt werden für alle Erwerbstätigen, vom Einsteiger bis zum alten Hasen, zunehmend härter. Gleichzeitig bieten technische Innovationen und eine zunehmende digitale Vernetzung immer neue Möglichkeiten, Arbeit anders zu gestalten. Männer und Frauen stehen unter einem hohen Druck, als Arbeitnehmer oder Unternehmer stets engagiert, flexibel und informiert zu sein. Erwerbstätige Mütter stehen dabei unter einem doppelten Druck. Als moderne Menschen sollen sie sich selbst verwirklichen, ihr Potenzial entfalten und als Mütter sollen sie sich gleichzeitig möglichst ununterbrochen allen Aspekten des Wohlergehens und der Entwicklung ihrer Kinder widmen. Wer versucht, diesen widersprüchlichen Anforderungen gerecht zu werden, muss zwangsläufig scheitern. Es ist letzten Endes so, als wollte man im Beruf eine Person des 21. Jahrhunderts sein, um gleichzeitig eine Vorzeige-Mutter der 50er Jahre zu verkörpern, die nebenbei auch alle Schad- und Zusatzstoffe sowie Allergien und Risikofaktoren der Zukunft kennt. Entlarven Sie daher unrealistische Ansprüche und emanzipieren Sie sich aus längst überholt geglaubten Geschlechterrollen, die Ihnen als unbewusste Glaubenssätze das Leben unnötig schwer machen.

> Hinterfragen Sie gesellschaftliche und auch eigene Annahmen und Ideale kritisch.

Haushalt und Kinderbetreuung liegt Frauen einfach mehr als Männern. Ist das wirklich so? Einen Haushalt zu führen oder ein Kind zu versorgen, sind zunächst einmal Aufgaben und Tätigkeiten, die ein Mensch erlernen und im Alltag trainieren und verbessern muss. Bei der Haushaltsthematik müsste die Logik sofort einleuchten. Eine Frau, die schon in der Kindheit von der Mutter konsequent angeleitet wird, beim Kochen und Putzen zu helfen, ist als erwachsene Frau zunächst mit besseren Kenntnissen und Fertigkeiten ausgestattet als ein Mann, der als Junge nicht oder deutlich weniger im Haushalt mithelfen musste. Eventuell hat er als Kind öfter mit dem Vater kleine Reparaturen im Haushalt durchgeführt und wiederum vertieftere Kenntnisse und Fertigkeiten auf diesem Gebiet entwickelt. Ihre kulturspezifische Sozialisation hat beide also zunächst auf unterschiedliche Lebensbereiche vorbereitet, doch sie kann jederzeit lernen, wie man mit Werkzeug umgeht, und er kann sich Funktionsweise von Waschmaschine und Bügeleisen erarbeiten. Beide müssten diese neuen Fertigkeiten dann regelmäßig ausführen und würden mit der Zeit immer bessere Ergebnisse erzielen. Als gute Hausfrau und besonders auch Mutter kommt man nicht zur Welt, sondern man muss den Umgang mit einem Kind Schritt für Schritt erlernen und mit ihm und seinen Bedürfnissen wachsen. Die Elterngeldstatistik von 2018 zeigt, dass in Deutschland gut drei Viertel der Elterngeldbeziehenden Frauen und nur knapp ein Viertel Männer waren. Frauen beantragten durchschnittlich 14,2 Monate, Männer hingegen nur 3,8 Monate Elterngeld. Seit 2015 ist der Anteil der Väter in Elternzeit jährlich jeweils um einen Prozentpunkt gestiegen. Einen rasanten Anstieg kann man das kaum nennen. Die Zahlen zeigen, dass die meisten Männer deutlich weniger Elternzeit mit ihren Kindern verbringen als die Mütter und daher natürlicherweise weniger geübt im Umgang mit ihrem Kind sind. Frauen sind nicht per se besser in der Kinderbetreuung und -versorgung, sie haben in der Regel einfach mehr Übung und Erfahrung als die Väter. Dieser ungleiche Start in die Elternschaft führt oftmals zu einer gewissen Schieflage in den Verantwortlichkeiten von berufstätigen Eltern. Es existieren durchaus Männer und Väter, die in Sachen Haushaltsführung und Familienorganisation gemeinschaftlich und gleichberechtigt mit ihren Partnerinnen agieren und von sich aus sehr viel familiäre Verantwortung übernehmen. Damit meine Ausführungen zur systemischen Benachteiligung von Frauen und Müttern keinesfalls männerfeindlich ankommen, möchte ich hervorheben, dass es engagierte Väter in vielen Unternehmen nicht leicht haben, ihr Bedürfnis nach Familienzeit und Alltagsverantwortung mit den Strukturen und Anforderungen ihres Arbeitgebers in Einklang zu bringen. Teilzeit oder andere familienverträgliche Arbeitsmodelle sind im mittleren oder höheren Management in der Regel weder für Frauen noch für Männer praktisch umsetzbar. Und wenn ein Mann mit seiner Berufswahl und seinem Gehalt bei gleicher Wochenarbeitszeit mehr Geld verdient als seine Frau, dann sind beide in der ungünstigen Situation mit ungleichen Möglichkeiten und sich daraus ergebenden Entscheidungsspielräumen umgehen zu müssen. Seit den 50er Jahren hat sich die Chancengleichheit und Gleichstellung von Männern und Frauen in Deutschland deutlich verbessert, doch leider sind wir in manchen Bereichen erst auf halber Strecke und müssen in unseren Köpfen und unserer Gesellschaft noch einiges bewegen, bis die Gleichberechtigung wirklich alle Lebensbereiche umfasst. Damit Sie Kinder, Haushalt und Karriere langfristig vereinbaren können, möchte ich Ihnen ein Konzept vorstellen, um unverhältnismäßige und ungerechte Energieräuber in der Doppelrolle als Frau bzw. erwerbstätige Mutter in Privatleben und Beruf zu identifizieren und im Zweifelsfall aktiv zu verändern.

MENTAL LOAD – DOPPELTE HERAUSFORDERUNG FÜR FRAUEN

Das habe ich ganz nebenbei mal organisiert ... Im Familienalltag und im Beruf gibt es täglich viele kleine Aufgaben, die so banal sind, dass man meistens nicht darüber spricht. Und das ist leider ein großer Fehler. Jede Mutter erledigt für Familie und Haushalt täglich unzählige kleine Dinge, die in der Summe viel Zeit und Kraft kosten. Jemand muss noch einen Arzttermin buchen! Am Samstag sollen wir einen Kartoffelsalat mitbringen! Wir brauchen eine Einkaufliste! Und irgendwer muss all diese kleinen Dinge und die individuellen Termine im Hinterkopf behalten. Auch am Arbeitsplatz fallen immer wieder solche ungesehenen Aufgaben an, die mal schnell erledigt werden müssen. Wer sorgt dafür, dass alle auf der Geburtstagskarte für den Kollegen unterschreiben? Wer räumt die gemeinsame Spülmaschine aus? Wer erklärt sich spontan bereit, den Bericht auf Fehler gegenzulesen? Ein großer Teil unserer täglichen Arbeit bleibt unsichtbar und kostet mehr Kraft als die eigentlichen Projekte, die im Terminkalender stehen. Diese neben der „echten" Arbeit ebenfalls anfallenden unsichtbaren Aufgaben werden als **Mental Load** bezeichnet. Hier geht es neben den konkreten Erledigungen auch um das Managen von Beziehungen und Emotionen, um am Arbeitsplatz als Team erfolgreich zu sein oder als Familie möglichst reibungslos zu funktionieren. Im Alltag zeigt sich, dass es privat und beruflich sehr oft Frauen sind, die die übersehenen Extra-Aufgaben des Tagesgeschäfts übernehmen und damit permanent einen enormen Mental Load mit sich herumtragen.

„Bärchen, warum ist das Geschirr nicht gespült und der Müll noch nicht rausgebracht?"

„Engelchen, das hast du mir gar nicht gesagt."

Der gute Ehemann erledigt alles, was seine Frau ihm sagt. Das ist nett, aber damit hat sie den kompletten Mental Load des Familienmanagements und er konzentriert sich auf die Ausführung nach Anweisung. Unbewusst findet sich diese Arbeitsteilung leider auch bei Paaren, die eine gleichberechtigte und faire Partnerschaft führen möchten. Deshalb ist es wichtig, über die Organisation und Koordination im Alltag zu sprechen und unsichtbare Aufgaben sichtbar zu machen. Sprechen Sie mit Ihrem Partner über die Aufgabenverteilung im Alltag und treffen Sie klare Vereinbarungen, wer welchen Mental Load übernimmt. So können Sie Ihren privaten Mental Load reduzieren oder im besten Fall sogar halbieren. Für eine berufstätige Frau bzw. Mutter kann ein doppelter Mental Load aus Privatleben und Job früher oder später zur echten Burnout-Falle werden. Aus diesem Grund ist es wichtig, sich über den eigenen Mental Load bewusst zu werden und bei Bedarf **neue Aufgabenverteilungen** in Beziehung und Familie einzuführen. Die Selbstverständlichkeit, mit der in vielen Fällen Frauen und Mütter die „logistische und emotionale" Koordination des Familienalltags übernehmen, kann auch zum Faktor werden, warum Frauen sich letztendlich im Beruf weniger durchsetzen und aufsteigen. Auch einige Unternehmen, die sich bei herrschendem Fachkräftemangel nach qualifizierten Frauen umsehen, haben die Herausforderung des Mental Loads erkannt. In einem Artikel der WirtschaftsWoche wurde aktuell über Unternehmen berichtet, die zum Abbau dieser Doppelbelastung zusätzliche Angebote wie Präventionskurse, Cateringdienste für Schulkinder oder einen Wäscheservice eingerichtet haben. Noch wichtiger als solche Haushaltshilfen wären allerdings **flexiblere Arbeitsmodelle**, die Führungspositionen auch in Teilzeit möglich machen, in einem Führungstandem organisiert sind oder mehr Homeoffice und Vertrauensarbeitszeit zulassen. Diese Angebote und Möglichkeiten sollten dabei Männern und Frauen, Vätern und Müttern offenstehen. So könnte die Vereinbarkeit von Beruf und Familie für beide Geschlechter und beide Elternteile verbessert werden. Denn bisher ist es auch modernen Vätern, die gern mehr Zeit und Arbeit in die Familie investieren würden, meistens nicht möglich, dies umzusetzen. Moderne Eltern treffen noch allzu häufig auf sehr eingefahrene Unternehmensstrukturen, die wenig bis keine Flexibilität bieten. Mental Load ist vor allem ein systemisches Problem und wird dann leider schnell zur persönlichen Herausforderung, wenn keine sinnvollen, gemeinsamen Lösungen gefunden werden. (SCHAREIKA 2020)

Wie steht es um Ihren persönlichen Mental Load im Privaten und Beruflichen? Welche unsichtbaren Aufgaben erledigen Sie völlig selbstverständlich nebenbei? Im Sinne Ihrer mentalen und psychischen Gesundheit ist es unbedingt ratsam, Familie und Berufsleben auf solche heimlichen Energieräuber zu überprüfen. Typischer Mental Load im Job sind u. a. vor- und nachbereitende Erledigungen wie z. B. Termine verschicken, Kaffee kochen oder Kopien erstellen, Korrektur- und Aktualisierungsarbeiten in Unterlagen, Berichte und Listen, kurze Check-ins mit allen Teammitgliedern, Organisieren von Blumen etc. zu Geburtstagen oder Jubiläen oder auch proaktive Initiativen zur Teambildung wie Ausflüge oder After-Work-Events. Welche Aufgaben, Termine und Deadlines haben Sie ganz nebenbei noch im Kopf? Werden Sie sich Ihrer **alltäglichen Aufgaben und Verantwortungen** bewusst und sortieren Sie jene aus, die Sie privat Ihrem Partner und beruflich Kollegen oder Teammitgliedern übergeben können. Hinterfragen Sie auch die Gründe, warum Sie bisher all diese Aufgaben übernommen haben.

Wie fühle ich mich mit meinem persönlichen Mental Load?

Es ist für mich befriedigend, ein Team zu motivieren und zu organisieren.

Ich fühle mich belohnt, wenn in Familie und Job alles rund läuft.

Ich fühle mich verpflichtet, soziale Gruppen um jeden Preis am Laufen zu halten.

Ich scheue mich privat und beruflich generell davor, Nein zu sagen.

Ich habe Angst, ohne Zusatzaufgaben nicht nützlich / wichtig genug zu sein.

Ich traue anderen nicht zu, Aufgaben und Abläufe richtig zu organisieren.

Wie auch immer Ihre persönliche Motivation aussieht, es ist hilfreich, den eigenen Mental Load mit dem des Partners oder Kollegen und Kolleginnen auszutauschen und abzusprechen. Vielleicht sind Sie ja gar nicht so allein mit all der Hintergrundorganisation und teilen mit Ihrem Partner oder Teammitgliedern einiges an Verantwortungsgefühl und inneren To-do-Listen. Kommunikation hilft auf jeden Fall, um Bewusstsein für die Thematik zu schaffen. Außerdem ist es eventuell nur eine Sache der Absprache, den eigenen Mental Load ganz schnell zu teilen und damit zu reduzieren. Falls Sie sich sehr stark verpflichtet fühlen, unangenehme Aufgaben für andere zu übernehmen, ist es sinnvoll, sich dieses Thema in einem ruhigen Moment genauer anzusehen. Der umgangssprachliche Helferkomplex, den zahlreiche Frauen in sich tragen, ist gut gemeint, doch unnötig kräftezehrend. Schauen Sie genau hin, welche Aufgaben und Verantwortungen Sie aus welchen Gründen übernehmen. Das Managen von Familie und Beruf ist nicht nur eine Frage des Willens, sondern auch der körperlichen und psychischen Belastbarkeit und Gesundheit. Im Job sollten Sie prüfen, ob Ihre Zusatzaufgaben im Rahmen Ihrer Stellenbeschreibung vertretbar sind oder Sie sich unangemessen verausgaben müssen und eventuell sogar Ihre eigentliche Arbeit darunter leidet. Eine klare Trennlinie zwischen angemessen und unangemessen lässt sich hier leider nicht ziehen. Wenn Sie in Ruhe in sich gehen, spüren Sie in der Regel allerdings ziemlich genau, wo Ihre individuellen Grenzen liegen. Hören Sie auf Ihre innere Stimme und respektieren Sie Ihre eigenen Möglichkeiten. Im Zweifelsfall gilt es auch, das eigene Selbstwertgefühl zu steigern, gesunde Grenzen zu setzen und Aufgaben klar zu verteilen. Andere müssen eher lernen, die

Kontrolle abzugeben und auf andere zu vertrauen. Wie auch immer Ihre individuelle Persönlichkeit strukturiert ist, um im Berufsleben langfristig erfolgreich zu sein, sollten Sie **Ihren persönlichen Mental Load kennen** und im besten Fall sinnvoll lenken können. Ich möchte an dieser Stelle wiederholen, dass Mental Load ein systemisches Problem ist, das wir leider individuell ausbaden müssen. Viele Menschen neigen dazu, das Problem in der eigenen, mangelhaften Belastbarkeit zu suchen. Doch in der Regel ist es nicht ein Zuwenig an Willen und Einsatz, sondern ein deutliches Zuviel an Nebenbei-Aufgaben, welches Frauen und auch Männer in die Erschöpfung treibt. Im Sinne Ihrer eigenen Gesundheit und zum Wohle Ihrer Liebsten sollten Sie diese Verausgabungsfalle möglichst früh erkennen und vermeiden. Schauen Sie also genau hin und lassen Sie sich nicht von unnötigem oder übermächtigem Mental Load ausbremsen oder ins Stolpern bringen. (RYDER 2019, SCHAREIKA 2020)

Was kann ich bei übermäßigem Mental Load machen?

Werden Sie sich Ihrer unbewussten To-do-Listen bewusst.

Hinterfragen Sie, warum Sie Verantwortung übernehmen.

Kommunizieren Sie mit Ihrem Partner über Familienmanagement.

Verteilen Sie klare Verantwortungen innerhalb der Familie.

Kommunizieren Sie am Arbeitsplatz über Mental Load.

Sprechen Sie ggf. offen über unangemessenen Mental Load.

Setzen Sie sinnvolle Grenzen und delegieren Sie ggf. Verantwortung.

Wer bringt die Kinder zum Sport und holt sie wieder ab? Wer macht die Wäsche und leert das Flusensieb? Wer kontrolliert, ob die Kinder neue Kleidung brauchen? Wer schreibt die Einkaufslisten und recherchiert schadstofffreie und gesunde Produkte? Wer wischt Staub und saugt die Wohnung? Wer hilft bei den Hausaufgaben? Wer denkt an das Geburtstagsgeschenk oder den Anruf bei Oma? Wer kümmert sich um Arzttermine oder Schulevents? Wer putzt das Bad und beseitigt das Chaos in der Küche? Wer bastelt, spielt oder musiziert mit den Kindern? Wer zieht die Kinder an und macht das Lunchpaket? ... Das ist nur ein kleiner Auszug der regelmäßigen Aufgaben, die Eltern neben dem Beruf organisieren und bewältigen. Beim Lesen wird einem bereits schwindelig und jeder weiß, dass das Tagespensum mit Job, Familie und Haushalt hier und da tatsächlich den Atem raubt und zur echten Herausforderung wird. Besonders ungünstig ist es, wenn die familiären Aufgaben und Verantwortungen, also der Mental Load, sehr ungleich verteilt sind. Hinterfragen Sie die Verteilung von Verantwortung und Aufgaben in Ihrer Partnerschaft bzw. Familie. Das deutsche Familienmodell hat dazu geführt, dass aktuell viele Väter in Vollzeit (ca. 40 Wochenstunden) und Mütter in Teilzeit (20 - 30 Wochenstunden) erwerbstätig sind. Durch die geringeren Wochenstunden und die Tatsache, dass Frauen häufig in schlechter bezahlten Bereichen arbeiten und öfter auch geringer bezahlt werden als männliche Kollegen, ist der Ehemann in den meisten Familien der besserverdienende Part. Die Steuergesetzgebung verschärft die Differenz auf dem Gehaltszettel der Ehefrau dann zusätzlich. Im familiären Alltag übernimmt die Frau dann in vielen Fällen im Haushalt einen Mental Load von mindestens 70 %, um einen vermeintlich fairen Ausgleich zu schaffen. An dieser Stelle möchte ich dem bereits eingeführten Mental Load den sogenannten Financial Load gegenüberstellen. Im klassischen deutschen Modell des männlichen Ernährers steht dem Mental Load der Ehefrau der **Financial Load des Ehemannes** gegenüber. Während sie die Last der unbemerkten Organisation trägt, hat er die Verantwortung und Belastung, der Allein- oder Hauptverdiener zu sein. Im Idealfall sollte ein Paar zumindest die systemgegebene Möglichkeit haben, Mental und Financial Load gleichberechtigt zu teilen. Gesetzgebung, Arbeitsmarkt und soziale Infrastruktur in Deutschland bieten diese Optionen leider noch nicht ausreichend und jede Familie muss auf die eine oder andere Weise kreativ sein und Kompromisse finden, um das gemeinsame Leben für alle Familienmitglieder so fair wie möglich zu gestalten.

Wie kann die faire Verteilung von Financial und Mental Load gelingen? Hier existiert leider kein allgemeingültiges Patentrezept, das für jede Frau und jede Familie sinnvoll und umsetzbar ist. Allgemein gilt jedoch, dass in einer Partnerschaft bzw. Familie der Wert von Financial und Mental Load gleichberechtigt anerkannt sein sollte, damit kein grundlegendes Ungleichgewicht entsteht.

Falls dies nicht so ist, muss zunächst durch Kommunikation allgemeines Bewusstsein und Verständnis für die Thematik erzeugt werden. Das Schwierige am Mental Load ist, dass er so wenig sichtbar und schlecht greifbar ist. Viele kleine banale Aufgaben und Termine ergeben gemeinsam ein Arbeitspensum, das immer wieder sträflich unterschätzt wird. Im Quellen-Kapitel finden Sie einen Link zu einem „Mental Load"-Selbsttest, in dem alltägliche familiäre Aufgaben sehr anschaulich aufbereitet sind. Wenn Sie das Gefühl haben, dass in Ihrer Partnerschaft die Aufgabenverteilung nicht ausgeglichen ist, können Sie z. B. diesen Selbsttest mit Ihrem Partner ausfüllen und **die jeweilige Selbsteinschätzung vergleichen** und miteinander besprechen. Die Selbsteinschätzung umfasst zahlreiche regelmäßige Aufgaben, die je nach Häufigkeit (täglich, wöchentlich, monatlich, jährlich) einem Wert zwischen 1 und 4 zugeordnet sind. Je nachdem wer was wie oft in Haushalt und Familie erledigt, erhält eine höhere oder niedrigere Gesamtpunktzahl. Interessant ist, dass der unsichtbare Mental Load auf diese Weise wenigstens grob sichtbar, quantifizierbar und damit vergleichbar wird. Einmal im alle zwei Jahre das Auto zum TÜV bringen und die Steuerklärung machen, sind wichtige Aufgaben, die im Vergleich zum täglichen Kochen oder wöchentlichen Putzen jedoch ein anderes Arbeitspensum beinhalten.

Rechnen Sie auf – fair & konstruktiv

Welche Aufgaben erledigen Sie jeweils täglich, wöchentlich, monatlich, jährlich?

Welchen individuellen Zeitaufwand benötigen die einzelnen Aufgaben?

Fühlen Sie sich jeweils ausreichend für Ihren Aufwand wertgeschätzt?

Ein Standard-Test sowie eine individualisierte Form des Vergleichs oder der Auflistung von regelmäßigen Aufgaben und Verpflichtungen haben den Vorteil, dass beide Partner alle allgemein so schwer greifbaren Kleinigkeiten des Alltags schwarz auf weiß vorliegen haben und konkret gemeinsam besprechen können. In der Praxis ist es nicht selten, dass bei einem solchen Vergleich auch Diskussionen aufkommen, wer wie oft die Küche aufräumt oder den Müll herunterbringt. Versuchen Sie, in solchen Grundsatzgesprächen so sachlich und konstruktiv wie möglich zu bleiben, denn Sie möchten ja einen gemeinsamen **Kompromiss finden und den Alltag für beide fair gestalten**. Individuelle Fairness kann dabei recht unterschiedlich aussehen und muss nicht zwangsläufig eine exakte 50:50-Regelung in allen Bereichen bedeuten. Wichtig ist, dass beide Partner sich mit ihrem Beitrag und ihrem individuellen Arbeitsaufwand gesehen und angemessen wertgeschätzt fühlen. Dafür ist es notwendig, offen miteinander über Aufgaben und Belastungen zu sprechen und gegenseitig für Kompromisse und neue Lösungen offen zu sein. Ein Selbsttest in Sachen familiärem Mental Load ist eine schöne Möglichkeit für Paare, mehr gegenseitiges Verständnis zu entwickeln. In den meisten Beziehungen sind beide Seiten bemüht, ihren Beitrag zu leisten und jeder hat ab und zu das Gefühl, dass der eigene Arbeitsaufwand nicht ausreichend gesehen wird. Ehrliche und konstruktive Kommunikation hilft, solche unbeachtete Flecke und eventuelle Missverständnisse frühzeitig aus dem Weg zu räumen, bevor sie sich mit der Zeit zu einem handfesten Konflikt oder einer chronischen Überlastung ausweiten.

Sprechen Sie offen über Ihre Bedürfnisse und Belastungen bezüglich Familienleben und Beruf.

Finden Sie eine für beide Seiten akzeptable Balance zwischen Financial und Mental Load.

Gleichberechtigte Wertschätzung der Aufgaben, und nicht eine exakte 50:50-Lösung, ist das Ziel.

Ihre individuelle familiäre Balance zwischen Financial und Mental Load und die konkrete Aufteilung von Verantwortungs- und Aufgabenbereichen können und sollten Sie nach Ihren jeweiligen Stärken, Vorlieben und Bedürfnissen miteinander aushandeln. Beispiele für gelingende Arbeitsteilung in Partnerschaft und Familie können z. B. folgendermaßen aussehen:

Bea und Thorsten teilen Putzarbeiten und Einkäufe mit einem Haushaltsplan möglichst 50:50. Am Morgen hat er mehr Zeit und versorgt die Kinder und macht für alle Frühstück. Dafür kümmert sie sich unter der Woche um das Abendessen. Die Kinder bringen sie in der Regel gemeinsam zu Bett. Am Wochenende wird immer gemeinsam gekocht. Partys und Geschenke sind ihre Sache, um Reparaturen und alles rund ums Auto kümmert er sich.

Christin und Michael haben jeweils die Bereiche Küche und Bad untereinander aufgeteilt. Einkäufe erledigt sie normalerweise und er fährt die Kinder dafür zum Training. Beim Abendritual mit den Kindern wechseln sie sich ab. Die täglichen Mahlzeiten werden jeweils individuell abgesprochen, aber auf den Monat gesehen soll in etwa Gleichstand sein. Sie macht die Steuererklärung und den Versicherungskram und er organisiert im Gegenzug Geburtstagsfeiern.

Sie erahnen schon, dass Aufgabenteilung immer auch mit Lebensumständen, Arbeitszeiten und auch persönlichen Vorlieben und Prioritäten zu tun hat. Manche schwören auf einen ausführlichen Haushaltsplan, anderen wiederum ist allein der Gedanke daran ein Graus. Manche rechnen jede Aufgabe dezidiert auf, anderen ist es wichtig, bestimmte Dinge zu tun und andere nicht tun zu müssen. Wer offen und vorurteilsfrei miteinander redet, kann zu kreativen Lösungen finden, die alle Seiten auf Dauer als fair empfinden. Wenn Sie eine neue, ungewohnte Aufgabenverteilung miteinander vereinbaren, sollte sie nicht in Stein gemeißelt sein. Geben Sie sich die Möglichkeit, ergebnisoffen und mit der Bereitschaft zu weiteren Anpassungen die neue Verteilung zu erproben und gemeinsam zu lernen. Wer eine Aufgabe übernimmt, die er bisher nur selten oder nie gemacht hat, wird eventuell eine Zeit brauchen, bis alles reibungslos läuft. Gewähren Sie Ihrem Partner diese Zeit des Lernens und Übens und zeigen Sie Geduld. Vereinbaren Sie außerdem einen verbindlichen Termin für eine gemeinsame Bestandsaufnahme zum neuen Familienmanagement einige Monate später. Veränderungen und Umstellungsprozesse sind immer eine Herausforderung. Bleiben Sie daher im gemeinsamen Dialog über Ihre Erfahrungen und Eindrücke in der neuen Situation. Veränderungen brauchen Zeit, um sich im Kopf und im Handeln langfristig zu etablieren. Versuchen Sie, Stolpersteinen, Pannen und Missverständnissen auf Ihrem gemeinsamen neuen Weg mit Nachsicht und Humor zu begegnen, um sich selbst und Ihrer Familie das Leben leichter zu machen.

Es darf auch mal etwas schiefgehen. Gehen Sie tolerant & humorvoll miteinander um.

Als berufstätige Partnerin und Mutter haben Sie auch bei idealer Arbeitsteilung mit Ihrem Partner ein umfangreiches und komplexes Arbeitspensum, das Sie immer wieder fordert. Daher ist es wichtig, keine unnötige Überlastung zuzulassen und den familiären Arbeits- und Organisationsaufwand regelmäßig zu reflektieren und zu hinterfragen. (SCHLOSSER 2020, SCHAREIKA 2020)

Im Gegensatz zu berufstätigen Vätern kommt bei berufstätigen Müttern in den meisten Fällen leider noch ein weiterer psycho-sozialer Faktor hinzu, der die Gesamtsituation für viele Frauen noch belastender und auch zermürbender macht. Das Thema klang bereits an, als wir von der Karrierefrau sprachen, zu der es keinen Karrieremann gibt. Bei einem erfolgreichen Vater fragt sich niemand, wie er das wohl mit Karriere und Kindern unter einen Hut bekommt und ob er seine Kinder eventuell durch seinen Job nicht doch vernachlässigt. Bei einer Mutter in einer leitenden Funktion kommen diese Fragen und Verdachtsmomente allerdings regelmäßig auf. Das führt dazu, dass die meisten Frauen früher oder später ihre persönlichen und beruflichen Ambitionen hinterfragen, oftmals mit der Angst, eine schlechte Mutter zu sein. Gesellschaftlich existieren hier noch zahlreiche unreflektierte Annahmen und Vorurteile, die bei näherer Betrachtung doch sehr an die guten alten 50er Jahre erinnern. Wie bereits gesagt wurde, bestehen Sicherung und Organisation des Familienlebens konzeptuell aus einem Financial und einem Mental Load, die Paare und Familien im 21. Jahrhundert unter gleichberechtigten Bedingungen gemeinsam leisten sollten. Jedes Paar sollte die Möglichkeit haben, Erwerbsarbeit, Kinderbetreuung und Haushaltsführung frei von gesellschaftlichen Vorurteilen in einem fairen Kompromiss zu organisieren. Es schwirren zahlreiche kulturelle und pseudo-wissenschaftliche Muttermythen und Idealbilder durch den gesellschaftlichen Raum, die in den seltensten Fällen eine emanzipatorische Botschaft in sich tragen. Eine Teilaufgabe ist es für berufstätige Mütter daher auch, sich von diesen wenig hilfreichen Suggestionen und unbewussten Glaubenssätzen freizumachen. Selbstverständlich braucht ein Kind mindestens eine und im Idealfall zwei zuverlässige Bezugspersonen, die es regelmäßig versorgen und ihm Zuwendung schenken. Die Bindungsperson muss im Laufe der Zeit allerdings nicht ununterbrochen zur Verfügung stehen. Entscheidend ist, dass das Kind über ein festes inneres Bild seiner Bezugsperson(en) verfügt, welches es tief verinnerlicht hat, sodass es sich nicht verlassen fühlt. Solange es jederzeit durch eine bekannte Vertrauensperson wie z. B. einen Großelternteil oder eine Erzieherin sicher betreut ist und in seinem Entwicklungsprozess liebevoll unterstützt wird, kann ein Kind prinzipiell zu mehreren Personen eine stabile Bindung aufbauen und sich natürlich entfalten und gesund entwickeln. Die bereits erwähnten Resultate aus der weitgehenden Abwesenheit der Väter in den ersten Wochen und Monaten nach der Geburt nähren zusätzlich den Mythos, dass die Mutterbindung für ein Kind so viel wichtiger und bedeutsamer als die Vaterbindung sei. Durch Schwangerschaft und Geburt ist die Mutterbindung etwas Besonderes, doch in der weiteren Entwicklung können und sollten Mütter und Väter gleichberechtigt das gemeinsame Kind in der individuellen Entwicklung begleiten und unterstützen.

> Lassen Sie sich nicht durch unrealistische Anforderungen an Mutterschaft verunsichern.

Eine Mutter ist nicht allein verantwortlich für das Wohl ihres Kindes bzw. ihrer Kinder. Dies ist eine Gemeinschaftsaufgabe beider Elternteile, die die Freuden und die Verantwortung eines Familienlebens teilen sollten. Wie im historischen Überblick deutlich wurde, können die Rolle und der Wirkungsraum der Frau ohne Rücksicht auf jedes individuelle Recht auf persönliche Entfaltung politisch und gesellschaftlich je nach vorherrschender Ideologie umgedeutet und reglementiert werden. Also sollten wir uns von allen alten Zöpfen trennen und selbst entscheiden, was sich stimmig anfühlt und für alle Familienmitglieder am besten ist. Wir leben in einer Zeit der Möglichkeiten und Widersprüche, an denen wir verzweifeln können oder denen wir aktiv und selbstbestimmt begegnen können. Fakt ist, ob Sie arbeiten oder nicht, im Zweifelsfall sind Sie nach dem neuesten Erziehungstrend sowieso keine perfekte Mutter und werden es auch nie sein. Die allgemeine Wahrnehmung kreiert eine Kluft zwischen Vollzeit-Müttern und berufstätigen Müttern, die völlig unnötig ist. Im Zweifelsfall lassen sich stichhaltige Argumente für und gegen beide Familienformen finden. Als Elternteil den eigenen Kindern einen authentischen und individuellen Weg vorzuleben und Freude an der eigenen, sinnstiftenden Arbeit zu vermitteln, ist auf jeden Fall auch eine wertvolle Erfahrung für die individuelle Entwicklung. (vgl. SCHNEIDER 2015) Für Menschen im Allgemeinen und Mütter im Speziellen gilt: Vergleichen Sie sich nicht mit anderen, sondern entfalten und leben Sie Ihre Individualität selbstbewusst und lassen Sie sich nicht von überholten Rollenklischees und unbewussten Glaubenssätzen verunsichern und ausbremsen.

Es braucht ein ganzes Dorf, um ein Kind aufzuziehen.

Dieses alte, nigerianische Sprichwort hat auch heute in unserer europäischen Kultur Relevanz. Wir leben gleichzeitig in einer Zeit der digitalen und medialen Vereinsamung sowie der bisher ungekannten Vernetzung durch eben diese Medien. Nutzen Sie die zahlreichen, neu entstehenden Nachbarschaftsnetzwerke und Initiativen, um Ihren Familienalltag einfacher, bunter und schöner zu gestalten. Es liegt an uns, wie wir die neuen digitalen Möglichkeiten mit Inhalten und Aktionen füllen. Besonders in Großstädten ist es mittlerweile einfacher, seinen Nachbarn zunächst über digitale Plattformen zu begegnen, sich auszutauschen und dann im echten Leben gegenseitig zu unterstützen. Gegen Ende dieses Buches werden wir auf das Thema Networking und den enormen Nutzen von privaten und beruflichen Netzwerken noch einmal zurückkommen. An dieser Stelle soll Ihnen dieser Hinweis in erster Linie ein Gefühl dafür vermitteln, dass Sie als berufstätige Mutter mit Ihrer Verantwortung nicht allein dastehen. Kommunizieren Sie mit Ihrem Umfeld und scheuen Sie sich nicht, um Rat oder Hilfe zu bitten, wenn Sie sich mit Ihrer Verantwortung oder Ihren Aufgaben übermäßig belastet fühlen. Persönliche Stärke von Frauen und Männern zeigt sich auch in der Fähigkeit, in entscheidenden Momenten um Unterstützung zu bitten und Herausforderungen gemeinschaftlich zu lösen.

Weibliche Energie als starke Ressource

Sätze wie „Sie steht ihren Mann." oder „Sie hat die Hosen an." signalisieren in den meisten Fällen, dass eine Frau emanzipiert ist. Umgangssprachliche Wendungen verraten uns viel über unsere oft unbewussten gesellschaftlichen Konzepte. Eine selbstbewusste oder erfolgreiche Frau ist demnach daran zu erkennen, dass sie sich äußerlich und innerlich einem Mann angleicht. Müssen erfolgreiche Frauen also die besseren Männer sein? In der Realität ist es tatsächlich so, dass erfolgreiche Frauen sich häufig gezielt sogenannte männliche Eigenschaften wie Härte und Kompromisslosigkeit aneignen, um sich im Beruf durchzusetzen. Angesichts der Tatsache, dass unsere männlich geprägte Kultur und Arbeitswelt nicht in der Lage sind, offensichtliche Ungerechtigkeiten und soziale Schieflagen nachhaltig zu lösen, stellt sich die Frage, ob dies der richtige Weg ist. Auch viele moderne Männer wünschen sich eine Lebenswelt, die nicht nur von Konkurrenzdenken und Machtspielen geprägt ist. Das 21. Jahrhundert könnte die Zeit sein, in der alle Menschen gemeinsam an einer gerechteren Welt für alle arbeiten. Alles, was wir dazu brauchen, ist die Erkenntnis, dass in unserer von männlichen Idealen geprägten Kultur etwas fehlt – und zwar das weibliche Gegenstück. Das „männliche" Konkurrenzdenken braucht einen Ausgleich an „weiblicher" Empathie und Teilhabe, sonst entstehen Missstände, wie wir sie jeden Tag beobachten können. Was können wir tun? Zunächst einmal könnten wir anerkennen, dass klassische weibliche Eigenschaften wie Empfindsamkeit, Intuition oder Kooperation für funktionierende Beziehungen, Gruppen und Gesellschaften in gleichem Maße relevant sind wie die männlichen Ideale von Stärke, Rationalität und Wettbewerb. Wenn wir dies lernen, könnten wir gleich auf mehreren Ebenen Herausforderungen überwinden, die uns jeden Tag in unseren privaten und beruflichen Beziehungen belasten. Was das genau heißt, erfahren Sie in den folgenden Abschnitten dieses Kapitels.

DAS MASKULINE & FEMININE PRINZIP KURZ ERKLÄRT

Die Begriffe maskulin und feminin bzw. männlich und weiblich beschreiben nicht nur die Geschlechtsmerkmale von Mann und Frau, sondern auch die zwei grundsätzlichen Prinzipien oder Energien unserer menschlichen Realität. In den Philosophien und alten Kulturen Asiens finden wir die zwei polaren Energien und Eigenschaften anschaulich beschrieben. Im Daoismus (auch Taoismus) bezeichnen Yin und Yang das sich gegenüberstehende weibliche und männliche Prinzip. Im weltweit bekannten Yin-und-Yang-Symbol wird das Zusammenspiel der Gegensätze sichtbar, die in ihrem Kern jeweils den Samen ihres Gegenteils enthalten. Die schwarze Yin-Fläche geht wellenförmig in die weiße Yang-Fläche über und umschließt in ihrem Zentrum einen schwarzen Kreis. Ebenso umfasst die schwarze Yin-Fläche einen weißen Kreis. Die Prinzipien Yin und Yang sind von einem Kreis umschlossen, der darauf hinweist, dass die Verbindung der Gegensätze das Ganze, also die Welt an sich bildet. Im Daoismus oder auch der traditionellen chinesischen Medizin haben alle Menschen und alle Erscheinungen der Welt eine Yin- und eine Yang-Seite, denn alles enthält einen maskulinen und einen femininen Anteil. Jeder Mann und jede Frau tragen jeweils weibliche und männliche Aspekte in sich. Yin und Yang, also weiblich und männlich, stehen stellvertretend für die bipolare Struktur der Realität, in der die zwei Pole das Ende einer für uns messbaren Skala markieren. In einem ganzheitlichen Verständnis ist das Leben ein großer **Zyklus, der sich in Wellenbewegungen aus Yin- und Yang-Energien manifestiert**, die fließend ineinander übergehen.

Yin & Yang

schwarz und weiß

Nacht und Tag

passiv und aktiv

kalt und heiß

tief und hoch

Materie und Energie

Wir leben in einer polar strukturierten Welt. Das ist ein Fakt, an dem wir uns orientieren können und der uns hilft, die Welt in ihrer Komplexität zu verstehen. Denn zunächst einmal ist „Schubladendenken", also das Einteilen von Erfahrungen in Kategorien, eine urmenschliche Eigenschaft, die Sinn stiftet und dadurch Sicherheit vermittelt. Da jeder Mensch im Rahmen der jeweiligen Kultur eigene Schubladen kreiert, ergeben sich aus den individuell leicht abweichenden Kategorisierungen leider immer wieder auch Konflikte. Die Konfliktgefahr ist besonders groß, wenn wir uns nicht bewusst sind, dass wir die Yin-Yang-Skala des Lebens mit ihren fließenden Übergängen jeweils nur anders einteilen und bewerten und uns letztendlich jedoch immer gemeinsam auf ihr bewegen und über sie definieren. **Kategorien und Bewertungen geben uns Orientierung**, doch wir dürfen nicht vergessen, dass diese Einteilungen subjektiv sind und unsere ganz persönliche Realität abbilden. Die Realität eines anderen Menschen kann wiederum völlig anders an der Skala ausgerichtet sein und sich damit deutlich von unserem Weltbild unterscheiden.

An der Dualität von Mann und Frau in den unterschiedlichen Kulturen und Epochen der Welt wird sehr gut deutlich, wie die Interpretation und Wertung der Skala von männlich und weiblich sich voneinander unterscheiden und auch wandeln kann. „Mann" und „Frau" sind in erster Linie intellektuelle Konzepte, die ein variantenreiches Spektrum an Realität vermeintlich klar einteilen. Bei der näheren Betrachtung der Polarität des weiblichen und männlichen Prinzips wird eine begriffliche Gegensätzlichkeit deutlich, die zu Anfang ein wenig irritieren kann.

Das weibliche & männliche Prinzip

Herz und Kopf

Körper und Geist

Intuition und Verstand

empfangen und geben

Hingabe und Kontrolle

Ruhe und Bewegung

diffus und fokussiert

empathisch und aggressiv

bewahren und zerstören

Zyklus und Linearität

In der Liste mit den Yin-Yang-Gegensätzen klang mit dem Begriffspaar „aktiv-passiv" bereits etwas an, was in dieser zweiten Gegenüberstellung deutlich ins Auge springt. Im ersten Moment kommt man nicht daran vorbei, dass die Dualität von Weiblichem und Männlichem hauptsächlich negativ anmutende Konzepte unter dem weiblichen Prinzip aufführt. Der männliche Gegenpart vereint wiederum hauptsächlich wünschenswerte und damit gute Eigenschaften. Wie kann das sein? Hier stoßen wir auf ein kulturelles Wertungsproblem, das uns leider viel zu häufig nicht ausreichend bewusst ist. Das fängt bereits bei dem Gegensatz von aktiv und passiv an. Warum empfinden die meisten Menschen Aktivität als besser im Vergleich zu Passivität? Kontrolle erscheint wünschenswerter als Hingabe und Bewegung ist dem Stillstand vorzuziehen. Was wir an dieser Stelle vergessen, ist die Tatsache, dass die vermeintlich so gegensätzlichen Pole sich immer auch gegenseitig bedingen. **Der Tag wird durch die Nacht definiert** und etwas kann nur als warm empfunden werden, wenn wir Zustände von Kälte kennen. Wir können nichts geben, wenn keiner da ist, der etwas empfängt. Die vordergründige Negativität der „weiblichen" Begriffe und Konzepte erweist sich als Trugschluss, wenn wir die dahinterliegenden, kulturhistorisch motivierten Wertungen weiter analysieren. Die traditionellen asiatischen Philosophien haben ein ganzheitliches Konzept erhalten, welches der westlichen Kultur im Zuge der Aufklärung weitgehend verlorengegangen ist. Die rationalistische Aufklärung, auf der unser modernes Weltverständnis basiert, zieht eine scharfe Trennlinie zwischen dem Verstand bzw. Geist und dem Körper, der als bio-mechanische Maschine verstanden wird und dem Geist untergeordnet ist. Gleichzeitig wurde das zyklische Weltbild vermeintlich „primitiver" Vorgängerkulturen zum linear ansteigenden Fortschrittsglauben umgedeutet, der durch stetige Bewegung und ständiges Wachstum charakterisiert ist. In diesem von privilegierten Männern für privilegierte Männer entwickelten Weltverständnis ist der Kern und das Ziel allen Seins ein ununterbrochener aktiver Fortschritt mit einem linearen Anstieg von Wissen und Wohlstand. Ohne die unbestreitbaren Errungenschaften der Aufklärung mindern zu wollen, müssen wir feststellen, dass dieses rationalistische Weltbild einseitig und durchaus kontraproduktiv ist. Das traditionell gleichberechtigte feminine Prinzip wird jetzt zur Dienerin des überlegenen maskulinen Prinzips. Mit der Betonung der linearen Aktivität wird außerdem das in allen Erscheinungen der Natur widergespiegelte Prinzip des Rhythmus übergangen und systematisch abgewertet. Rhythmische Zyklen und Kreisläufe entstehen aus dem **Zusammenspiel von Aktivität und Passivität**, von Werden und Vergehen. Überall in der Natur beobachten wir das Prinzip von Geburt, Wachstum, Sterben und Tod. Das Leben ist eine große Pendelbewegung zwischen den Polen. Menschen können aktiv und produktiv sein, weil sie in der Ruhephase des Schlafs neue Kraft tanken. In der Alltagswahrnehmung ist diese unbestreitbare Tatsache oft verdrängt und so kommt es, dass Begriffe wie Passivität, Hingabe und Ruhe im modernen Kontext einen abwertenden Beigeschmack hinterlassen. Das weibliche Prinzip und damit „die Frauen“ sind somit im kollektiven und individuellen Verständnis noch immer – mittlerweile allerdings häufig unbewusst – weniger Wert als ihr männlicher Gegenpol. Das lässt sich ändern, wenn wir beginnen, die Kategorien „Männlich“ und „Weiblich“ bzw. „Mann“ und „Frau“ nicht als Begrenzungen, sondern als Richtungen und Gradmesser einer Skala der Möglichkeiten zu verstehen. (vgl. DEISSLER)

MÄNNER & FRAUEN – VORURTEILE, BIOLOGIE & ERZIEHUNG

„Typisch Mann ..." bzw. „Typisch Frau ..." sind Aussprüche, die von beiden Geschlechtern häufig zu hören sind. Doch was wollen wir damit eigentlich ausdrücken? Was genau definiert denn einen typischen Mann oder eine typische Frau? In der Dichotomie von Yin und Yang im vorhergehenden Abschnitt wurden einige klassische Unterscheidungen des männlichen und weiblichen Prinzips bereits benannt. Verkürzt könnte man sagen, dass eine typische Frau besonders viele Aspekte des weiblichen Prinzips und ein typischer Mann im Gegenzug besonders viele Aspekte des männlichen Prinzips in sich vereint. Es ist allerdings nicht so, dass Frauen nur weibliche und Männer nur männliche Qualitäten in sich tragen. Jeder Mensch und jede Erscheinung in der Welt tragen Yin- und Yang-Aspekte in sich. Diese zwei komplementären Energien in sich auszugleichen und in eine echte Balance zu bringen, ist die eigentliche Lebenskunst. Im Berufsleben neigen Männer und Frauen dazu, ihren männlich-aggressiven Anteil überzubetonen. Auch im Privatleben ergeben sich aus der fehlenden Balance von Geben und Empfangen, Kontrolle und Hingabe zahlreiche Konflikte, die vermeidbar wären. Wenn wir über Männer und Frauen bzw. über Männlichkeit und Weiblichkeit sprechen, vermischen sich schnell unterschiedliche, biologisch, psychologisch oder sozial motivierte Perspektiven. Im Rahmen dieses Buches beschränken wir uns auf eine verkürzte Darstellung dieser unterschiedlichen Perspektiven, um den komplexen Hintergrund der eigentlichen Thematik zumindest skizzenhaft zu umreißen.

Aspekte des Frau- und Mannseins

Physische Merkmale, Hormonhaushalt

Psychologische Geschlechtsidentität

Soziale Rollen, Erwartungen & Ideale

Die Konzepte „Weiblich" und „Männlich" sind polare Prinzipien innerhalb eines gemeinsamen Spektrums von Eigenschaften und Fähigkeiten. Die Begriffe „Mann" und „Frau" beziehen sich einerseits auf Geschlechtsidentitäten und andererseits auch auf soziale Rollenzuschreibungen. Mann und Frau lassen sich selbst aus biologischer Perspektive nicht so eindeutig definieren, wie es zunächst erscheinen mag. Weder genetisch noch in der physischen Ausprägung existiert so etwas wie die Standard-Frau oder der Standard-Mann. Abgesehen vom Reproduktionsaspekt der Eizellen- bzw. Samenzellenbildung, bei dem wir den weiblichen und männlichen Anteil klar bestimmen können, bleiben männlich und weiblich ein Spektrum von potenziell realisierbaren Möglichkeiten. Männliche und weibliche Körper unterscheiden sich voneinander, doch im größeren wissenschaftlichen Vergleich stellt sich heraus, dass sich zwei Männer oder zwei Frauen untereinander hinsichtlich ihrer physischen oder kognitiven Leistungen oft stärker voneinander unterscheiden als der Durchschnittsmann von der Durchschnittsfrau. Die Variationsbreite der untersuchten Fähigkeiten und Leistungen ist innerhalb der Geschlechter in der Regel wesentlich größer als der mittlere Unterschied zwischen den Geschlechtern.

Offene Geschlechteridentitäten statt einen Gender-Stereotype.

Damit sollen vorhandene biologische und hormonelle Unterschiede nicht verneint werden, doch die noch immer sehr verbreiteten Stereotypen über die Frau oder den Mann sollten doch sehr kritisch hinterfragt werden. In der Biologie herrscht in der Zwischenzeit eine sehr differenzierte Sichtweise der Geschlechter, die im Mainstream der Gesellschaft noch nicht ganz angekommen ist. Initiativen der Transgender- und Nicht-binären-Community haben die Tür geöffnet, um über flexible Geschlechteridentitäten anstatt festgeschriebener Geschlechter zu sprechen. Davon können wir gesamtgesellschaftlich nur profitieren. Trotz Emanzipation und Gleichberechtigung werden Kinder heutzutage mehr als jemals zuvor geschlechtsspezifisch mit Kleidung, Spielzeug und Einrichtungsgegenständen ausgestattet. Auch dies ist eine Form der geschlechterseparierenden Sozialisierung. Selbst moderne Eltern neigen dazu, Mädchen und Jungen weiterhin in Bezug auf Sozialverhalten und Selbstverständnis unterschiedlich auf das Leben vorzubereiten. Im eigenen Interesse und dem unserer Kinder sollten wir uns unbedingt die Zeit nehmen, historische und kulturelle Konstrukte über das Wesen und die Fähigkeiten von Männern, Frauen und allen Identitäten dazwischen zu reflektieren und unser eigenes Bild gegebenenfalls zu korrigieren oder zu erweitern. (vgl. RETZBACH 2017)

KANN ICH AUTHENTISCH WEIBLICH & ERFOLGREICH SEIN?

Die Antwort auf die Frage im Titel dieses Abschnitts lautet eindeutig „Ja". Um dies weiter auszuführen und zu begründen, müssen wir zuerst definieren, was authentische Weiblichkeit im Leben einer modernen Frau bedeuten kann. Geschlechteridentitäten sind kulturelle Konzepte, die generell veränderlich sind. Nicht nur für jede einzelne Frau, sondern für unsere Gesellschaft als Ganzes ist es wichtig, das weibliche Prinzip gleichberechtigt neben dem männlichen Prinzip anzuerkennen und wertzuschätzen. Entscheidend ist, dass Frauen und Männer individuell für sich eine gesunde Balance ihrer männlichen und weiblichen Anteile und Eigenschaften leben. Nur so können wir als Individuen und als Gesellschaft beide lebensnotwendigen Grundprinzipien in Einklang bringen und Ungleichheit und Ungerechtigkeit nachhaltig und von innen heraus angehen und verändern. Die Existenz des weiblichen und männlichen Prinzips bedeutet nicht, dass eine Frau das komplette feminine Prinzip oder ein Mann das maskuline Prinzip verkörpert. Die beiden Prinzipien stellen Überbegriffe für unterschiedliche Eigenschaften und Tendenzen dar, die prinzipiell jeder Mensch in unterschiedlichen Anteilen in sich trägt.

Erkennen Sie Ihre individuellen weiblichen und männlichen Anteile an!

Frauen haben sich in den letzten Jahrzehnten größtenteils aus der wirtschaftlichen Abhängigkeit gegenüber ihren Partnern befreit, haben die Hosen an und verfolgen selbstbewusst eigene Ziele und Karrieren. Doch der Weg, auf dem diese neue Unabhängigkeit erreicht wurde, bedeutete größtenteils die vollständige Hinwendung zum maskulinen Prinzip und weitgehende Ablehnung des femininen Prinzips. Die Verleugnung und Verdrängung unserer weiblichen Anteile führen früher oder später zu einer inneren Verhärtung, die sich in unseren Beziehungen und auch unserer Gesundheit niederschlägt. Diese Herausforderung betrifft beide bzw. je nach persönlichem Verständnis alle Geschlechteridentitäten. In der Natur versucht jedes Energiesystem, über die Zeit einen Zustand des Ausgleichs zu finden. Wenn wir nun eine Energieform mutwillig unterdrücken und abwerten, erschaffen wir ein künstliches Ungleichgewicht, das uns alle in unserer authentischen Entfaltung hindert.

Seien Sie so weiblich und so männlich, wie es Ihnen ganzheitlich guttut.

Die Emanzipation der Frauen hat also im ungünstigsten Fall die Tendenz, dass Frauen versuchen, die besseren Männer zu sein. Gleichberechtigung bedeutet jedoch nicht die Auslöschung jeglicher Unterschiede oder die konsequente Verleugnung und Verdrängung einer Hälfte des natürlichen Spektrums menschlichen Seins. Eigenschaften des femininen Prinzips sind keine Schwächen, sondern beinhalten Qualitäten und situative Stärken genauso wie ihre maskulinen Pendants. Stark ist, wer auch schwach sein kann. Mutig ist, wer sich seinen Ängsten stellt. Fokussiert kann sein, wer sich bewusst Phasen der Entspannung und des Loslassens gönnt. Mächtig ist, wer mit seiner Ohnmacht einen konstruktiven Umgang findet. Durchsetzungsfähigkeit ist wichtig, doch manche Situationen erfordern Kooperationsbereitschaft. Eine Attitüde der rücksichtslosen Stärke ist letzten Endes eher ein Zeichen von Schwäche und zeugt nicht von einer starken inneren Haltung, die auch Kompromisse zulassen kann.

Lernen Sie, vermeintliche Schwächen als Stärken zu verstehen.

Hinterfragen Sie vermeintliche Stärke immer auch auf ihre Schwachpunkte.

Jeder Mensch kann als Individuum die eigene weibliche und männliche Energie verbinden und zu einer ganzheitlichen und ausgeglichenen Kraft und Stärke finden. Authentizität ergibt sich aus der ehrlichen Verbindung unserer starken und schwachen, unserer fordernden und hingebungsvollen Persönlichkeitsanteile. Das männliche Prinzip ist nicht gleichzusetzen mit Stärke, genauso wenig wie das weibliche Prinzip mit Schwäche identisch ist. Im natürlichen Rhythmus des Lebens haben wir Phasen der fokussierten, nach außen gerichteten Aktion, auf die dann eine Zeit der Ruhe und Einkehr folgt. Auf Wachstum, Blüte und Frucht im Frühling und Sommer folgen zyklisch der Herbst und Winter. Ohne diese Rückzugsphase könnte es im nächsten Frühling kein neues Wachstum und keine Ernte geben. Der warme Sommer mit seiner Expansion und der kalte Winter mit seinem Rückzug gehören zusammen, um einen funktionierenden Kreislauf zu bilden. Bevor Sie für Ihre Karriere versuchen, ein stärkerer und besserer Mann zu werden, arbeiten Sie lieber daraufhin, ein vollständiger Mensch mit weiblichen und männlichen Persönlichkeitsanteilen zu werden. Als moderne Frau dürfen Sie sein, wer immer Sie sein möchten. Nutzen Sie diese Chance bewusst und selbstbestimmt! (vgl. DEISSLER, LINDAU & GRAY 2020)

Vernachlässigte Aspekte des weiblichen Prinzips

Empathie & Wertschätzung

Emotionale & soziale Intelligenz

Frauen leben und arbeiten aufgrund ihrer Sozialisation in den meisten Fällen nach anderen Wertesystemen und Verhaltensmustern als Männer. Problematisch ist, dass die weibliche Gesprächs- und Arbeitskultur nicht gleichwertig neben der männlichen Variante existiert, sondern dieser in der Regel untergeordnet wird. Das führt dazu, dass Frauen sich gezwungen fühlen, nach den Spielregeln des männlichen Prinzips zu funktionieren, auch wenn das nicht ihrer eigenen Persönlichkeit entspricht. Leider werden umgekehrt Männer, die sich den weiblichen Strategien zuwenden, schnell als schwach oder zu weich angesehen. Keines der beiden Prinzipien ist an sich besser oder schlechter als das Andere. Beide gehören zusammen und bilden gemeinsam ein Ganzes. Doch in der Berufswelt werden männliche Strategien wie Dominanz, Wettbewerb und Abgrenzung noch immer höher angesehen als die komplementären, weiblichen Herangehensweisen. Das führt zu einem ungesunden Ungleichgewicht und einer Benachteiligung von Menschen, die sich dieser Tendenz nicht anpassen wollen oder können. Führungsqualitäten werden hauptsächlich auf Eigenschaften des männlichen Prinzips zurückgeführt. Weibliche Strategien hingegen gelten als nicht karriereförderlich und schwach. Diese Trennung und unterschiedliche Wertung sind nicht sinnvoll und letztendlich für uns alle kontraproduktiv. Wir dürfen und sollten das ganze Spektrum menschlicher Möglichkeiten wahrnehmen, wertschätzen und nutzen. So können wir für uns selbst und damit auch für die Gesellschaft, in der wir leben, authentische und konstruktive Wege des Miteinanders und des Erfolges finden.

Weibliche vs. männliche Management-Strategien

Kooperation statt Wettbewerb

Teamarbeit statt Einzelkämpfer

Teilhabe statt Ausgrenzung

Kreativität statt Leistungsdruck

Fairness statt Gewinnmaximierung

Chancengleichheit statt Selektion

Um die Zukunft für alle Menschen gerechter zu gestalten, brauchen wir männliche und weibliche Kompetenzen und Fähigkeiten. Auch die Wirtschaft beginnt, dies zu verstehen. In Artikeln der Wirtschaftspresse finden wir bereits die motivierende Aussage, dass Männer, die auch zukünftig erfolgreich sein wollen, sogenannte **Shebility** entwickeln müssen. Der Begriff Shebility steht für die Integration weiblich konnotierter Eigenschaften und Fähigkeiten in das gesellschaftliche sowie wirtschaftliche Leben. Wertschätzung, Kooperation und Teilhabe werden dabei als Kernelemente des weiblichen Prinzips verstanden. (vgl. THOMSEN 2018) Typisch weibliche Eigenschaften und Fähigkeiten sind für einen langfristigen und nachhaltigen Erfolg von Projekten und Unternehmen genauso notwendig wie typisch männliche Qualitäten. Um Teams zu motivieren und zu leiten, braucht man Herz und Kopf. Für kreative und erfolgreiche Lösungen ist ein Fokus auf das angestrebte Ziel genauso wichtig wie Offenheit für neue Wege. Gute Entscheidungen basieren auf Rationalität und immer auch auf einer Portion Intuition. Ein erfolgreicher Führungsstil verbindet ein gesundes Maß an durchsetzungsstarker Aggression mit Brücken bauender Empathie.

Entwickeln Sie selbstbestimmt Ihren eigenen Gesprächs- und Führungsstil aus Elementen des weiblichen und des männlichen Prinzips und lassen Sie sich nicht in Schablonen pressen.

Karrierefrauen: Volle Fahrt voraus!

Heutzutage leben in Deutschland mehr finanziell unabhängige als finanziell abhängige Frauen. Das ist eine erfreuliche Errungenschaft der vergangenen Jahrzehnte. Doch im eigenen Alltag nehmen viele ambitionierte und ehrgeizige Frauen trotzdem Hürden wahr, denen die Mehrheit der Männer nicht zu begegnen scheint. Woran liegt das? Einerseits existieren noch immer strukturelle Barrieren durch eine männlich dominierte Kultur, doch auf der anderen Seite haben viele Frauen auch sehr hinderliche Hürden in ihren Köpfen. Biologie und Erziehung haben Frauen ein anderes Rüstzeug für das Leben mit auf den Weg gegeben. Die strukturellen Barrieren der Arbeitswelt noch weiter zu reduzieren oder ganz aufzulösen, wird wohl oder übel noch etwas Zeit brauchen. Doch die eigenen, mentalen Stolpersteine können wir jederzeit selbstbestimmt angehen. Dazu möchte ich Ihnen ein sehr hilfreiches Konzept vorstellen, mit dem Sie Ihre inneren Blockaden erkennen und abbauen können. Die menschliche Persönlichkeit setzt sich psychologisch betrachtet aus unterschiedlichen inneren Instanzen zusammen. Selbstsicherheit, Zufriedenheit und Erfolg im Alltag oder im Berufsleben ergeben sich aus dem reflektierten Zusammenspiel dieser Persönlichkeitsaspekte.

„Mein Chef verunsichert mich mit seiner fordernden Art immer so." Es ist ein Trugschluss, anzunehmen, dass andere für die eigene Selbstunsicherheit verantwortlich sind. Durch Vergleiche und Wertungen sorgt die innere Kritikerin in den meisten Situationen dafür, dass wir uns sehr effektiv selbst verunsichern und klein machen. Niemand kann Sie so gezielt herabsetzen und entwerten wie Sie sich selbst. Es sind nicht der fordernde Chef oder der arrogante Kollege, die uns verunsichern, sondern es ist das eigene Denken. Die innere Kritikerin ist es auch, die uns mit Sätzen wie „Ich Idiotin!", „War ja klar, dass ich das vergeige." oder „Sei nicht so eine Heulsuse!" systematisch verunsichert und abwertet. Unfaire Vergleiche und rücksichtslose Herabsetzungen sind die Spezialität der inneren Kritikerin, die Sie so lang klein halten wird, bis Sie sich bewusst mit diesem inneren Programm auseinandersetzen. Viele Sätze der inneren Kritikerin beginnen mit „Ich darf nicht ..." oder „Ich muss ...". Werden Sie hellhörig, wenn Ihre Gedanken so beginnen. Hinterfragen Sie genau, warum Sie dieses oder jenes eigentlich müssen oder nicht dürfen. Eine übermächtige innere Kritikerin wird Sie immer wieder dazu bringen, sich in ungesunder Weise zu vergleichen und völlig unnötig herabzusetzen. Aus diesem Grund ist es entscheidend, diese Selbstsabotage zu erkennen und abzustellen.

Die innere Kritikerin

... erteilt Befehle und macht Vorschriften.

... stellt unfaire Vergleiche an und entwertet uns.

... droht mit Katastrophen und triumphiert bei Missgeschicken.

... verurteilt unser Äußeres und unsere Gefühle.

→ ... hilft uns, Fehler aufzudecken und Verbesserungen vorzunehmen.

Die engste Verbündete der inneren Kritikerin ist die innere Antreiberin, die vor allem auch Meisterin darin ist, unrealistische Zeitmanagementstrategien vorzugeben. Diese beiden Instanzen haben eine effektive und fatale Arbeitsteilung. Die innere Kritikerin untergräbt das Selbstwertgefühl und die Antreiberin erzeugt zusätzlichen Druck und zeitlichen Stress. So ist sichergestellt, dass Sie nie das erreichen, was Sie sich vorgenommen hatten. Überprüfen Sie immer wieder Ihre Ansprüche und Vorgaben an sich selbst. Würden Sie Ihrer besten Freundin oder Ihrer Tochter dasselbe abverlangen wie sich selbst? Sind die Leistungen, die Sie von sich erwarten, realistisch umsetzbar? Typisch sind in diesem Zusammenhang Sätze wie z. B. „Ab sofort wird jeden Tag Sport gemacht!" oder „Ich muss meine Arbeit schneller als meine Kollegen schaffen.". Dabei kann die innere Antreiberin allerdings auch widersprüchliche Befehle erteilen und Sie so ins komplette innere Chaos stürzen. Gemeinsam können diese beiden Persönlichkeitsinstanzen Ihr Selbstwertgefühl massiv untergraben und Sie täglich sehr viel unnötige Kraft kosten. Indem Sie sich dieser Mechanismen bewusstwerden, machen Sie einen entscheidenden Schritt, um selbsterzeugte Blockaden mit der Zeit aufzulösen.

Die innere Antreiberin

... fordert Perfektion in allen Angelegenheiten.

... akzeptiert keine befriedigenden Leistungen.

... fordert ständig mehr und bessere Ergebnisse.

... ist ruhelos und unermüdlich.

→ ... hilft uns, durchzuhalten und Projekte umzusetzen.

Das innere Kind steht für unseren sensiblen und bedürftigen Persönlichkeitsanteil, der sich leicht verunsichern lässt und häufig ungelöste Themen aus der eigenen Entwicklung als Wunde in sich trägt. Ein ruppiger Chef oder ein gefühlskalt wirkender Kollege streuen Salz in die unverheilten Verletzungen des inneren Kindes, das dann ängstlich, traurig oder wütend reagiert. In manchen Konzepten wird das innere Kind in zwei Aspekte aufgeteilt. Einerseits existiert ein sogenanntes Sonnenkind, das lebensbejahend, neugierig und kreativ ist. Das ist der kindliche Teil in uns, den wir auch als Erwachsene bewahren sollten. Andererseits tragen wir auch ein sogenanntes Schattenkind in uns, das unverarbeitete Verletzungen und Verunsicherungen aus unserer persönlichen Lebensgeschichte vereint. Meist nur teilweise bewusste Grundannahmen bzw. Glaubenssätze wie „Ich bin nicht in Ordnung, so wie ich bin." oder „Ich muss Leistung erbringen, um gemocht zu werden." entspringen einer grundlegenden Hilflosigkeit des inneren Schattenkindes. Menschen, die in Ihrer Sozialisation im Elternhaus oder in der Schule häufig Gefühlskälte, Misshandlungen oder sogar Missbrauch erfahren haben, erleben das innere Kind meistens als besonders hilflos und verstört. Je größer der innere Knacks des Schattenkindes ist, umso leichter können uns die innere Kritikerin und Antreiberin mit ihren Forderungen unter Druck setzen. Sätze wie „Ich bin dafür verantwortlich, dass andere sich wohlfühlen.", „Ich kann und darf mich nicht abgrenzen." oder „Ich muss nicht nur gut, sondern besser sein, um zu genügen." weisen darauf hin, dass das Selbstwertgefühl nicht ausreichend ausgebildet ist. In solchen Fällen machen wir uns selbst kleiner als wir sind, empfinden Schmerz und Ohnmacht und bleiben systematisch unter unseren Möglichkeiten.

Das innere Kind

... vereint unsere ursprünglichen Bedürfnisse und Sehnsüchte.

... ist sensibel und leicht verletzbar.

... lässt sich schnell verunsichern und verängstigen.

... sucht Fehler und Schuld gern bei sich.

→ ist der Sitz von Lebensfreude und Kreativität.

Visualisierungsübungen haben sich als sehr erfolgreich erwiesen, um diesem verletzlichen Persönlichkeitsaspekt zu begegnen. Die Vorgehensweise ist einfach. Sie brauchen etwas Zeit und einen ruhigen Ort. Schauen Sie sich ein paar alte Kinderfotos an, um Kontakt zu dem Kind aufzunehmen, das Sie einmal waren. Legen Sie die Fotos beiseite und schließen Sie die Augen. Lassen Sie das Bild Ihres inneren Kindes vor Ihrem inneren Auge entstehen. Nehmen Sie sich Zeit, dieses kleine Menschenwesen zu betrachten. Wie wirkt es auf Sie? Ist es fröhlich, unsicher, verängstigt oder traurig. Nehmen Sie vorsichtig Kontakt auf. Spüren Sie hinein, was Ihr inneres Kind jetzt braucht. Möchte es getröstet oder umarmt werden? Oder vielleicht wünscht es sich auch nur ein wenig Aufmerksamkeit und Liebe. Versuchen Sie, nicht zu denken, sondern zu fühlen. Vermitteln Sie Ihrem inneren Kind, dass es nicht allein ist. Sie als erwachsene Person sind jetzt da und sehen seine bisher vernachlässigten Bedürfnisse. Manche Menschen erleben bereits nach der ersten Übung eine deutliche Veränderung, andere müssen die Übung über die Zeit mehrmals wiederholen, um ihr Schattenkind nachhaltig zu trösten und ihr Sonnenkind dauerhaft zu stärken.

Der fürsorgliche Persönlichkeitsanteil

... respektiert die Bedürfnisse des inneren Kindes.

... übt Geduld und Nachsicht mit allen Anteilen.

... entkräftet die innere Kritikerin durch Gelassenheit.

... entkräftet unsinnige Forderungen der inneren Antreiberin.

Indem Sie sich den drei beschriebenen Persönlichkeitsaspekten zuwenden, aktivieren und trainieren Sie eine weitere innere Instanz, den sehr wichtigen fürsorglichen Persönlichkeitsanteil. Dieser Aspekt Ihres Selbst ist wie eine gute Mutter in der Lage, alle Aspekte liebevoll und nachsichtig zu behandeln. Seien Sie sich selbst eine gute Mutter und kümmern Sie sich um alle Anteile Ihrer Persönlichkeit. Erlauben Sie sich sowohl stark als auch schwach zu sein. Und üben Sie vor allem Geduld mit sich selbst. Die Kritikerin und Antreiberin sind meistens übermäßig ausgeprägt und neigen dazu, die Bedürfnisse des inneren Kindes zu übergehen. Durch Selbstliebe und Geduld können Sie Ihr Sonnenkind zum Leuchten bringen und die hilfreichen Aspekte der Kritikerin und Antreiberin konstruktiv in Ihrem Alltag nutzen. Versuchen Sie, Ihre unterschiedlichen inneren Instanzen zu erkennen und sich bewusst mit ihnen zu versöhnen, um selbstbewusst und handlungsfähig zu werden. (vgl. BERCKHAN 2010, STAHL 2015)

PLÖTZLICHE KARRIERESPRÜNGE & GEPLANTE AUFSTIEGE

Ob Sie einen beruflichen Aufstieg planen oder bereits vor der Herausforderung einer neuen Führungsposition stehen, in beiden Fällen ist es sinnvoll, die inneren Forderungen und Bedürfnisse der verschiedenen Persönlichkeitsanteile bewusst zu betrachten und auch zu hinterfragen. So können Sie mentalen Stolpersteinen gezielt begegnen und sie schrittweise auflösen, bevor Sie sich bei Ihrem beruflichen Weiterkommen selbst ein Bein stellen.

Beenden Sie die Selbstbeschimpfungen Ihrer inneren Kritikerin und finden Sie zu Ihrer ganzheitlichen Stärke und Leistungsfähigkeit.

„Ich bin nicht gut genug. Ich muss schneller und besser arbeiten. Ich muss härter zu mir selbst sein. Ich darf nicht schwach wirken. Ich darf keine Fehler machen." Seien Sie achtsam im Umgang mit sich selbst und unterbinden Sie die konstante Selbstgeißelung Ihrer inneren Kritikerin und Antreiberin. Die ist nur möglich, wenn Sie wirklich wahrnehmen, was in Ihrem Kopf und Gefühlsleben los ist. Unterbrechen Sie dazu immer wieder bewusst Ihren inneren Monolog aus Vorwürfen und Befehlen. Treten Sie einen Schritt zurück und nehmen Sie eine offenere und tolerantere Haltung zu sich selbst ein. Aktivieren Sie bewusst Ihren fürsorglichen Persönlichkeitsanteil. So lernen Sie, nach und nach toleranter mit eigenen Unsicherheiten sowie Fehlern umzugehen und sich nicht noch zusätzlich selbst zu bestrafen.

Üben Sie jeden Tag bewusst einen liebevollen Umgangston mit sich selbst.

Erteilen Sie sich bewusst Erlaubnisse, um unsinnige Vorschriften und Anforderungen in Ihrem Kopf zu entkräften. Sagen Sie sich „Ich darf meine Gefühle zum Ausdruck bringen." statt „Reiß dich zusammen, du Jammerlappen.". Ersetzen Sie Formulierungen wie „Ich muss es allen recht machen." durch Erlaubnisse wie „Es ist in Ordnung, nein zu sagen.". Gestatten Sie sich bewusst, auch mal Fehler zu machen, statt unrealistische Perfektion anzustreben, die Sie zwangsläufig unglücklich machen wird. Sobald Sie die Stolpersteine in Ihrer eigenen Psyche aufarbeiten, werden sich auch vermeintliche Hürden in der Außenwelt verändern und deutlich verringern. Wer die unterschiedlichen Anteile des Selbst bewusst ausgleicht, schafft Raum für die Entfaltung des sachbezogenen Anteils, der konstruktiv und professionell handeln und entscheiden kann.

Der sachbezogene Persönlichkeitsanteil

... ermöglicht uns, einen objektiven Überblick zu behalten.

... hilft uns, nicht alles persönlich zu nehmen.

... erleichtert es, kritikfähig zu sein.

... respektiert eigene und fremde Positionen ohne Wertung.

... integriert situationsangemessen weibliche und männliche Anteile.

Gelassenheit ist eine entscheidende Kernkompetenz für mehr Selbstbewusstsein und Handlungsfähigkeit im Privaten und Beruflichen. Das Konzept der Gelassenheit hat in unserer erfolgsorientierten Gesellschaft und Arbeitskultur oftmals einen schlechten Ruf. Doch hier liegt ein Missverständnis vor. Gelassenheit ist nicht gleichzusetzen mit Desinteresse oder Passivität. Es geht vielmehr um eine innere Balance, die fest verankert ist und sich nicht so leicht ins Wanken bringen lässt. Versuchen Sie, einen liebevollen und nachsichtigen Umgang mit allen Ihren Persönlichkeitsanteilen zu finden und entwickeln Sie mehr Humor und Gelassenheit im Umgang mit sich selbst und herausfordernden Situationen. (vgl. BERCKHAN 2010)

Gelassenheit bedeutet, die innere Kritikerin und Antreiberin nicht zu ernst zu nehmen.

Verhandeln & entscheiden – was Frauen von Männern lernen können

Wie trete ich selbstsicher auf? In Bezug auf diese Fragestellung können sich die meisten Frauen das eine oder andere von ihren männlichen Kollegen abschauen. Im Alltag scheint es oft so, dass Männer einfach mehr Gelassenheit und Selbstbewusstsein mitbringen. Das männlich geprägte Weltbild erlaubt keine Schwäche und stellt Angriff über Verteidigung. Frauen, die schon früh gelernt haben, kooperativ zu sein und Rücksicht auf andere zu nehmen, haben in der Regel

Schwierigkeiten mit dieser Herangehensweise. Sie sollen als kluge und empfindsame Frau kein knallharter Kerl werden, doch etwas prinzipielle Gelassenheit wird Ihnen helfen, mit dem manchmal rauen Umgangston in männerdominierten Arbeitsumgebungen besser umzugehen. Außerdem verbessert es das eigene Standing in allen Lebenslagen, sichtbare Zeichen von Unsicherheit gezielt abzubauen. Mindern Sie Ihre Kompetenzen und Leistungen nicht durch ein unsicheres Auftreten. Achten Sie darauf, dass das, was Sie sagen, durch Ihre Körpersprache nicht untergraben wird.

Sichtbare Zeichen von Unsicherheit

Sich ständig entschuldigen

Sich übermäßig erklären

Sein Licht unter den Scheffel stellen

Übertriebene Zurückhaltung

Verkrampfte Körperhaltung

Verlegenheitsgesten und Ticks

Mangelnder Blickkontakt

Wenn Sie sich in dieser Liste wiederfinden, stellen Sie sich zuhause vor den Spiegel und beobachten Sie sich selbst. Probieren Sie verschiedene Körperhaltungen aus und spüren Sie in sich hinein. Nehmen Sie wahr, wie es sich anfühlt, aufrecht und mit breiten Schultern im Raum zu stehen. Wenn Sie zu verkrampft sind, tanzen Sie eine Runde durch den Raum und verbinden Sie sich mit der Lebenslust und Freude Ihres Sonnenkindes. Falls Sie sich albern vorkommen, widmen Sie sich Ihrer inneren Kritikerin. Üben Sie im Alltag dann immer wieder, eine für Sie authentische Haltung der Selbstsicherheit einzunehmen. Werden Sie sich Ihrer Körperhaltung, Ihrer Gesten, Ihrer Formulierungen, Gedanken und Gefühle bewusst und korrigieren Sie sie gegebenenfalls liebevoll und nachsichtig. Nehmen Sie sich privat und beruflich den Raum und die Zeit, die Sie brauchen, um Ihren persönlichen Standpunkt deutlich zu machen.

Selbstdarstellungsfallen im Job

Neutrale Schilderungen statt positiver Selbstdarstellung

Positives wird durch Verneinungen ausgedrückt

Positives wird relativiert & als Glückssache dargestellt

Körpersprache widerspricht den Aussagen

In der Selbstdarstellung sind Männer in den meisten Fällen den Frauen überlegen. So fällt es ihnen leichter, beruflich voranzukommen – sei es beim Bewerbungsgespräch oder der Gehaltsverhandlung. Lassen Sie uns also vom männlichen Prinzip lernen. Die erste Regel lautet: Streichen Sie Begriffe wie „eigentlich", „irgendwie" oder „ein bisschen" aus Ihrem Wortschatz. Formulieren Sie Ihre Stärken und Kompetenzen so, dass sie bei Ihrem Gegenüber klar und deutlich ankommen. Ihre Zeugnisse oder Arbeitsergebnisse sind sehr gut statt nicht schlecht. Eine Aus- oder Weiterbildung haben Sie nicht einfach gemacht, sondern erfolgreich absolviert. Sie hatten kein Glück, sondern waren motiviert, sehr engagiert und haben Ihre Möglichkeiten clever genutzt. Die zweite Regel lautet: Erkennen Sie Ihre eigenen Leistungen an.

Was würde Ihr Kollege über sich sagen?

Ich habe Erfahrung und kann gut organisieren.

oder

Ich denke, dass ich manchmal eigentlich ganz gut organisieren kann.

Ich habe ein Top-Zeugnis und erstklassige Referenzen.

oder

Mein Zeugnis ist nicht schlecht und eigentlich habe ich ganz gute Referenzen.

Ich bin der Richtige für diese Führungsposition.

oder

Eigentlich wäre ich irgendwie nicht schlecht geeignet für diese Stelle.

Bisher sind die meisten Männer besser trainiert darin, sich selbst in einem guten Licht dastehen zu lassen. Doch diese Fähigkeit ist eine Übungssache, die nicht einfach angeboren ist, sondern in erster Linie über die Jahre erlernt wird. Positive Selbstdarstellung hat nichts mit Angeberei oder Blendung zu tun. Es geht darum, seine Kenntnisse und Kompetenzen positiv und sachlich zu kommunizieren. Geben Sie Ihrem Gegenüber die Chance, den Wert Ihrer Arbeitskraft für das Unternehmen in vollem Umfang zu erfassen. Bescheidenheit ist in solchen Kontexten keine Zier, sondern stellt ein massives, selbst konstruiertes Hindernis dar.

Legen Sie falsche Bescheidenheit ab!

Erstellen Sie eine Liste Ihrer Kompetenzen und Leistungen.

Lesen Sie sich diese Liste laut und deutlich vor.

Üben Sie, mit Vertrauenspersonen über Ihre Qualitäten zu sprechen.

Beobachten und korrigieren Sie Ihre Körperhaltung.

Von Männern lernen, heißt nicht, sich eine unnötig harte und raue Schale zuzulegen. Es bedeutet, sich seiner eigenen Fähigkeiten und Leistungen bewusst zu sein und sie ganz selbstverständlich zu kommunizieren. Egal ob Sie sich auf eine neue Stelle bewerben oder in Ihrem Unternehmen aufsteigen möchten, präsentieren Sie sich offen, authentisch und ohne Relativierungen oder kontraproduktive Körperhaltung. Zeigen Sie, was in Ihnen steckt. Seien Sie empathisch, aber versuchen Sie nicht, es jedem recht zu machen. Besonders auch in Gehaltsverhandlungen sollten Sie klar und bestimmt sein. Falls Sie sich auf diesem Gebiet sehr unsicher fühlen, proben Sie die Situation in einem Rollenspiel mit einer Vertrauensperson. Das mag sich zunächst seltsam anfühlen, doch ist erfahrungsgemäß eine sehr wirksame Methode, Ängste abzubauen. Lassen Sie sich ehrliches Feedback zu Ihren Formulierungen und Ihrer Körpersprache geben. Wie in den meisten Fällen macht auch hier Übung die Meisterin. Männer haben auf diesem Gebiet durch ihre geschlechtsspezifische Sozialisation einfach eine wesentlich längere Übungsphase hinter sich. Nutzen Sie beruflich und privat so viele Situationen wie möglich, um Ihr selbstsicheres Auftreten zu trainieren. Dämpfen Sie Ihre innere Kritikerin und nutzen Sie die Power Ihrer inneren Antreiberin für mehr Durchsetzungskraft. Ihr sachbezogener Persönlichkeitsanteil darf dann den Rest übernehmen. So sind Sie auf wichtige Gespräche und Verhandlungen gut vorbereitet und können souverän überzeugen.

Keine Angst vor Diskriminierung & Mobbing – so behaupten Sie sich!

Betrachten Sie bissige oder herablassende Kommentare zunächst so sachlich wie möglich als Kommunikationsversuche, auf die Sie reagieren können oder auch nicht. In manchen Situationen sind Anfeindungen eher Teil des männlich geprägten Machtpokers und weniger persönliche Beleidigungen. Einige Provokationen sind eine Art Test, um die angesprochene Person aus dem Konzept zu bringen. Aussagen wie „Diese Emanzen!“ oder „Überlassen Sie das mal den Männern.“ können schnell eine emotionale Reaktion auslösen, die dann direkt das Klischee bedient, dass Frauen einfach zu gefühlsduselig und unsachlich sind. Manche Schuhe muss man sich nicht anziehen. Je nach Kontext empfiehlt es sich, eine Anfeindung einfach zu überhören und damit gar nicht erst in das Gespräch einzusteigen. Die Unterscheidung zwischen allgemeinem Machtgebaren und gezielter persönlicher Beleidigung müssen Sie je nach Kontext selbst treffen. Eine klare Grenze oder Richtlinie gibt es hier leider nicht.

Mögliche Schikanen und Mobbinghandlungen

Beleidigungen und Verleumdungen

Sexuelle Annäherungen oder Äußerungen

Angriffe auf Arbeitsleistungen

Aggressive und destruktive Kritik

Sabotage und Fehlinformationen

Ausschluss aus Kommunikationsstrukturen

Ständige Zuweisung von sinnlosen Aufgaben

Weitere Strategien sind allerdings auch denkbar und je nach Situation sinnvoll. Sie können z. B. das **Gespräch mit Humor in eine andere Richtung lenken**, indem Sie antworten: „Wo wir gerade so schön plaudern, muss ich Ihnen noch Folgendes erzählen.“ Sie können auch mit einem Kompliment wie „Ich mag Ihre Art von Humor.“ kontern. Alternativ können Sie die Situation durch ein unpassendes Sprichwort oder ein gezieltes Missverständnis auf den Kopf stellen. Reagieren Sie auf eine Beleidigung z. B. mit der zusammenhangslosen Aussage: „Ja, meine Großmutter sagte immer, Pünktlichkeit ist die Höflichkeit der Könige.“ Auf den Vorwurf, zu empfindlich zu sein, reagieren Sie mit: „Sie finden mich zu hart? Dabei versuche ich doch, gezielt meine empfindsame Seite zu trainieren.“ Reagieren Sie auf absurde Vorwürfe und Beleidigungen lieber mit Humor und Absurdität, anstatt sich emotional verstricken zu lassen. Erwidern Sie Aggressivität nicht mit noch mehr Aggressivität. Das führt zu unnötigen Eskalationen. In anderen Situationen können Sie die **beleidigende Bemerkung direkt ansprechen**. „Was meinen Sie mit dem Begriff Emanze?“ oder „Warum sagen Sie mir das?“ könnten entsprechende Rückfragen sein. Sie können durch eine Frage auch versuchen, die Situation aufzuklären. Ein Beispiel wäre: „Vielleicht habe ich Sie missverstanden, doch bei mir kam Ihre Aussage als persönliche Beleidigung an.“ Wenn es Ihnen zu bunt wird, können Sie auch Ihre **Grenzen klar formulieren** und einen konkreten Vorschlag äußern, wie z. B. „So möchte ich nicht weiterreden. Ich schlage vor, dass ...“.

Mobbing bezeichnet ein systematisches Anfeinden, Schikanieren und Diskriminieren von Arbeitnehmenden untereinander oder durch Vorgesetzte.

Schützen Sie als Vorgesetzte auch Ihre Teammitglieder vor Mobbing. Als Führungskraft ist es Ihre Aufgabe, im Team eine produktive und sichere Arbeitsatmosphäre für alle Teammitglieder sicherzustellen. Sie haben eine sogenannte arbeitsrechtliche Fürsorgepflicht gegenüber Ihren Teammitgliedern. Einzelne Unternehmenskulturen und auch persönliche Führungsstile können Mobbing am Arbeitsplatz fördern und verstärken. Mängel in den Kommunikationsstrukturen, widersprüchliche Anweisungen oder uneindeutige Zuständigkeiten führen schnell zu Über- oder Unterforderung, zu Demotivation und Stress. Auch ungerechte Arbeitsverteilung oder mangelnde Handlungsspielräume führen zu Unzufriedenheit und Unruhe im Team. All diese Phänomene können Mobbing begünstigen. Durch die Beseitigung solcher strukturellen Probleme lässt sich auch die Gefahr von Konflikten und Mobbinghandlungen deutlich verringern.

Mögliche Ursachen von Mobbing

Nicht gelöste Konflikte

Mangel an Selbstwert

Konkurrenzdenken

Neid und Missgunst

Sozio-kulturelle Vorurteile

Mangelhafter Führungsstil

Unternehmensinterne Missstände

Werden Konflikte nicht rechtzeitig erkannt und gelöst, kann es zu dem Gruppen-Phänomen Mobbing kommen. Schikanen und Mobbing verursachen psychische und physische Beschwerden bei den Betroffenen und wirken sich außerdem negativ auf die Arbeitsleistung aus. Nach Erhebungen beträgt der volkswirtschaftliche Schaden von Mobbing jedes Jahr etwa 40 Milliarden Euro. Statistisch gesehen erlebt jeder Neunte im Berufsleben mindestens einmal Mobbing am Arbeitsplatz. Als Führungskraft können Sie dazu beitragen, diese Situation Schritt für Schritt zu verbessern. Es ist interessant, dass Frauen im Durchschnitt häufiger Opfer und auch Täterinnen in Sachen Mobbing sind. (vgl. W.A.F., MAI 2020) Je intensiver Sie sich mit den Themen Selbstwert und Wertschätzung beschäftigen, umso besser werden Sie mit Diskriminierungen umgehen können. Klare Kommunikation und ein sicheres Auftreten sind dabei die besten Waffen gegen Sexismus, Mobbing und jede Form der Ungerechtigkeit.

So können Sie Mobbing in Ihrem Team begegnen

Suchen Sie das Gespräch mit den Beteiligten.

Klären Sie die Ursachen der Situation.

Zeigen Sie den Beteiligten die Konsequenzen auf.

Sorgen Sie für Entlastung der betroffenen Person.

Suchen Sie ggf. Unterstützung beim Betriebsrat.

Gerade Frauen neigen dazu, Auseinandersetzungen aus dem Weg zu gehen. Doch Konflikte zu vermeiden, führt nicht zu Harmonie. Ein offen ausgetragener Konflikt kann der Wendepunkt für eine eingefahrene Situation sein. Steuern Sie deshalb aktiv auf eine Konfliktlösung zu, bevor die Situation vollständig eskaliert. Wenn die sexistischen Kommentare Ihrer Kollegen oder Vorgesetzten überhandnehmen, wird es Zeit, klar Position zu beziehen und sich selbst zu schützen. Nutzen Sie im Zweifelsfall auch die Unterstützung des Betriebsrates oder einer Gleichstellungsbeauftragten, wenn Sie mit Ihrer Konfliktlösungsstrategie nicht weiterkommen.

Strategie zur Selbstbehauptung

Gestehen Sie sich eigene Gefühle und Bedürfnisse zu.

Atmen Sie tief durch und treten Sie innerlich einen Schritt zurück.

Nehmen Sie eine offene und selbstbewusste Haltung ein.

Formulieren Sie Ihr Anliegen klar und eindeutig.

Begründen Sie kurz und knapp, statt sich zu rechtfertigen.

Sprechen Sie in einem sachlich-empathischen Tonfall.

Schaffen Sie für alle Parteien eine Situation auf Augenhöhe.

Nehmen Sie Ablehnung und Kritik nicht persönlich.

Auch in solchen herausfordernden Situationen kann ein Rollenspiel helfen, das eigene Vorgehen zu üben und von einem vertrauten Menschen spiegeln zu lassen. Üben Sie sich in Gelassenheit und Humor, um sich nicht in eine destruktive Spirale hineinziehen zu lassen. Weisen Sie sich selbst immer wieder darauf hin, blöde Sprüche und Anfeindungen nicht persönlich zu nehmen. Auch wenn Sie sich getroffen fühlen, liegt das Problem eigentlich bei Ihrem Gegenüber. Im besten Fall können Sie durch ein selbstsicheres Auftreten und eine klare Kommunikation Ihrem Angreifer den Wind aus den Segeln nehmen. Begegnen Sie Anfeindungen sachlich und bleiben Sie immer bei einer respektvollen Kommunikation. (vgl. MAI 2020, NICKELSEN 2012, BERCKHAN 2010)

Konflikte lösen – wertschätzende Kommunikation im Job

Was ist ein Konflikt? Der Duden definiert einen Konflikt als eine schwierige Situation, die durch das Aufeinanderprallen widerstreitender Auffassungen oder Interessen entsteht und zu einem Zerwürfnis führen kann. Durch unterschiedliche individuelle Einstellungen sowie sozio-kulturelle Prägungen kommt es in sozialen Gruppen zwangsläufig zum Aufeinanderprallen widerstreitender Auffassungen. Das ist menschlich. Meinungsverschiedenheiten und Auseinandersetzungen sind eine normale Erscheinung im täglichen Zusammenleben und -arbeiten mit anderen Menschen.

Mögliches Konfliktpotenzial am Arbeitsplatz

Es gibt kein klar definiertes gemeinsames Ziel.

Unterschiedliche Problemlösungsstrategien werden nicht toleriert.

Unterschiedliche Wertesysteme können nicht vereint werden.

Es besteht ein Abhängigkeitsverhältnis und damit ein Ungleichgewicht.

Es fehlt die Zeit, um Differenzen zu klären und beizulegen.

Kehren Sie Konflikte nicht unter den Teppich, auch wenn Ihr Bedürfnis nach Harmonie Sie dazu verleitet oder drängt. Einen Konflikt zu ignorieren, führt keine Lösung herbei, sondern lässt die Situation früher oder später eskalieren. Mädchen lernen in der Regel früh, dass die Klügere in einem Streit nachgeben sollte. Bei Jungen wird es eher toleriert, dass sie ihre Konflikte aktiv durch Raufereien klären. So ergibt es sich, dass Frauen eher dazu neigen, einen Konflikt herunterzuschlucken und im Verborgenen zu schmollen. Wohingegen Männer eher dazu neigen, Auseinandersetzungen offen und aggressiv auszutragen. Diese unterschiedliche Herangehensweise durch soziale Prägung birgt dann über die Sachebene hinaus weiteres Konfliktpotenzial. Konflikte können sich aus sehr unterschiedlichen Gründen und Zusammenhängen ergeben, doch gemeinsam haben sie, dass jeder Konflikt mit emotionalen Reaktionen verbunden ist. Zwei Menschen können unterschiedliche Ansichten zu einem Thema haben, ohne in einen Konflikt zu geraten. Es ist immer die Emotionsebene und nicht die Sachebene, die zu tiefgreifenden und vermeintlich unüberbrückbaren Konflikten führt.

Konflikte sind immer mit Emotionen verbunden.

Wo Menschen gemeinsam arbeiten oder leben, ist ständige Harmonie ein unerreichbares Ideal. Das ist eine Tatsache, an der niemand vorbeikommt. Seien Sie bereit, sich einer konstruktiven Auseinandersetzung zu stellen. So können Sie stabile, von Respekt getragene Beziehungen etablieren. Wer immer nachgibt oder immer seinen Willen durchdrückt, blockiert die Möglichkeit einer ehrlichen und konstruktiven Auseinandersetzung. Konflikte sind unvermeidbar. Entscheidend ist, wie wir mit Konflikten umgehen. Unreflektierte Emotionen sind der Hauptgrund für vermeintlich nicht lösbare Streitpunkte.

Eine Meinungsverschiedenheit ohne Emotionen ist kein Konflikt.

Für die Klärung von Konfliktsituationen brauchen wir daher Verhaltens- und Gesprächsregeln, die uns helfen, **von der emotionalen Ebene zurück auf die Sachebene** zu finden. Die Annahme, dass Konflikte ein Zeichen von mangelnder Professionalität wären, ist nicht korrekt. Mangelnde Konfliktfähigkeit ist ein Zeichen für unreflektierte Emotionen und eine Vernachlässigung der Sachebene. Angst vor Konflikten resultiert häufig aus nicht gelösten oder ignorierten Bedürfnissen und Befürchtungen des inneren Kindes. „Wenn ich das jetzt anspreche, mögen mich die anderen nicht mehr." könnte der Gedankengang unseres verunsicherten Persönlichkeitsanteils lauten. „Ich muss es allen recht machen, sonst werde ich ausgeschlossen." ist eine Annahme bzw. Befürchtung, die besonders Frauen vor einer konstruktiven Auseinandersetzung zurückschrecken lässt. Hinter solchen Gedanken stecken typisch weibliche Glaubenssätze wie „Ich werde nur gemocht, wenn ich mich anpasse." oder „Meine Bedürfnisse und Wünsche sind weniger wert als die der Anderen.". Männer wiederum quälen sich eher mit Glaubenssätzen wie „Ich muss dominieren und mich aggressiv durchsetzen, um nicht unterzugehen bzw. um ein echter Mann zu sein.". Es wird deutlich, dass beide Extreme zu keiner konstruktiven Lösung führen, sondern den Konflikt noch verschärfen. Die **Fähigkeit, Konflikte gemeinschaftlich zu lösen**, ist eine wichtige soziale und professionelle Kompetenz, die vor allem von Frauen, aber auch von Männern leicht unterschätzt wird. Was wir brauchen, sind Konfliktlösungsstrategien und eine angemessene Streitkultur auf Augenhöhe. Doch wie lässt sich das konkret umsetzen? Die Antwort auf diese Frage ist komplex und doch einfach. Werden Sie sich der Emotionen und versteckten Annahmen bewusst, die den sachlichen Konflikt unbemerkt dominieren und eine Lösung verhindern. In manchen Fällen existiert noch nicht einmal eine echte sachliche Meinungsverschiedenheit, sondern es liegt lediglich eine falsche Interpretation des Gesagten vor.

Allgemeines Vorgehen bei Konflikten

Gewinnen Sie Klarheit über die Situation und Emotionen.

Benennen Sie das Problem so konkret wie möglich.

Denken und reden Sie sachlich und lösungsorientiert.

Klarheit über die Situation zu gewinnen, bedeutet auch, genau zu hinterfragen, was gesagt wurde und wie das Gesagte verstanden wurde. Ihr Vorgesetzter fragt, ob der Bericht schon fertig ist. Sie verstehen „Ich arbeite zu langsam." und fühlen sich unter Druck gesetzt oder kritisiert. Vielleicht wollte Ihr Gegenüber nur rein sachlich den aktuellen Stand ermitteln, da dies zu seinen Aufgaben und Rechenschaftspflichten gegenüber seinem Vorgesetzten gehört. Im ungünstigsten Fall kreieren Sie so durch Ihre Interpretation einen Konflikt, der vermeidbar wäre.

Meta-Botschaften einer Formulierung

„Mir gefällt diese Idee." kann bedeuten:

Zustimmung: Ich unterstütze die Umsetzung der Idee.

Vergleich: Diese Idee gefällt mit besser als eine Andere.

Vorbehalt: Mir gefällt die Idee, Andere jedoch nicht.

Unschlüssigkeit: Ich möchte mich noch nicht festlegen.

In manchen Kontexten kann es allerdings entscheidend sein, die Meta-Botschaft einer Aussage richtig zu interpretieren. Wie vielfältig das Spektrum der Meta-Botschaften sein kann, zeigt das oben aufgeführte Beispiel. Was kommuniziert mein Gesprächspartner auf welche Weise? Diese Frage ist nicht simpel. Da wir dazu neigen, von uns auf andere zu schließen, kommt es an solchen Punkten schnell zu Missverständnissen und Konflikten. Fragen Sie im Zweifelsfall einfach nach, bevor Sie durch Fehlinterpretationen zu Falschannahmen gelangen. Gezielt nachzufragen, ist kein Zeichen von Begriffsstutzigkeit, sondern beweist Wertschätzung gegenüber dem Standpunkt Ihres Gegenübers.

Die 3 Bausteine der Wertschätzung

Standpunkt des Gegenübers verstehen

Wert der Einstelllungen des Gegenübers anerkennen

Anerkennung aktiv kommunizieren

Versuchen Sie also, aktiv nachzuvollziehen, welche Logik hinter den Aussagen und Handlungen Ihres Kollegen oder Ihrer Kollegin liegt. Versetzen Sie sich bewusst in die Rolle Ihres Gegenübers.

Welche Motive, Ziele, Wünsche oder Befürchtungen können Sie erkennen? Welche Bemühungen der anderen Seite haben Sie eventuell übersehen oder nicht ausreichend gewürdigt? Haben Sie Meta-Botschaften herausgehört, die mehr über Sie selbst als über Ihren Konfliktpartner aussagen? Jemandem Wertschätzung entgegenzubringen, bedeutet nicht, die eigene Position aufzugeben. Sie schaffen dadurch lediglich eine von Respekt getragene Situation auf Augenhöhe. Außerdem schaffen Sie so die Grundlage für eine sachbezogene Lösung.

Gesprächsstrategie zur Konfliktlösung

Eigene Beobachtung sachlich formulieren

→ Dialog ermöglichen & aktiv zuhören

Eigene Motivation & Interessen deutlich machen

→ Dialog ermöglichen & aktiv zuhören

Ziel definieren und Lösungsvorschlag unterbreiten

→ Dialog ermöglichen & aktiv zuhören

Eine konstruktive Strategie zur Klärung von Konflikten ermöglicht es Ihnen, Ihre eigene Wahrnehmung und Interpretation gezielt mit der Ihres Gegenübers abzugleichen. So können Sie Fehlannahmen aus dem Weg räumen und erweisen Ihrem Gesprächspartner gleichzeitig Wertschätzung, indem Sie seine Sicht der Dinge aktiv miteinbeziehen. Dann bleibt noch eine wichtige Frage, die Sie für sich im Vorfeld klären sollten. Wann ist ein Konflikt für Sie gelöst? Reflektieren Sie Ihre Anforderungen an eine befriedigende Konfliktbeilegung. Wollen Sie, dass Ihr Gegenüber etwas genau so macht, wie Sie wollen oder ist ein reibungsfreier Arbeitsablauf das Ziel? Geht es darum, den eigenen Standpunkt durchzudrücken oder einen umsetzbaren Kompromiss zu finden? Fragen Sie im Zweifelsfall auch bei Ihrem Konfliktpartner nach, was für eine befriedigende Lösung gegeben sein muss. So kreieren Sie einen offenen Dialog, statt in unproduktiver Opposition zu verharren. (vgl. FISHER / SHAPIRO 2019, BERCKHAN 2010, NICKELSEN 2012)

ERFOLGREICH IN FÜHRUNGSPOSITIONEN ARBEITEN

Die Arbeitswelt des 21. Jahrhunderts wird zunehmend heterogener und bunter. Um gleichberechtigte Voraussetzungen für alle zu schaffen, müssen im Alltag immer wieder Barrieren bewusst und aktiv abgebaut werden. Es ist als Führungskraft keine leichte Aufgabe, Menschen mit unterschiedlichen Ansichten, Berufserfahrungen und Lebensentwürfen fair und gleichberechtigt in ein Team zu integrieren. Es ist auch nicht immer leicht, gerechte Entscheidungen zu treffen. Damit Sie nicht unbewusst Unterschiede zwischen Teammitgliedern machen, können Sie sich präventiv eine Strategie zurechtlegen. Formulieren Sie Ihre Anforderung so klar und konkret wie möglich. Definieren Sie lieber Ziele, also das, was erreicht werden soll, statt Vorgaben über die Herangehensweise aufzustellen. Jeder hat seine eigene Arbeitsweise und ein eigenes Arbeitstempo. Versuchen Sie, Ihre Standards für jeden gleich anzulegen. Spielen Sie im Kopf durch, wie Sie reagieren würden, wenn die fragliche Person einen anderen Hintergrund, ein anderes Alter oder Geschlecht hätte. Machen Sie sich gerade am Anfang Notizen zu Kompetenzen und Erfolgen Ihrer Teammitglieder, um diese nicht zu vergessen. Es ist schwierig, alles im Kopf zu behalten, daher verlassen Sie sich ruhig auf Notizen, die Sie jederzeit zu Rate ziehen können.

Formulieren Sie klare und verbindliche Anforderungen, die für alle gelten.

Um in einem Team verbindliche Regeln zu vereinbaren und auch einzuhalten, hat es sich bewährt, Checklisten zu erstellen. Anhand einer gemeinsamen Checkliste kann jedes Teammitglied die Einhaltung von Vereinbarungen überprüfen. Alle haben damit die Möglichkeit, Regelverstöße klar zu erkennen und offen zu thematisieren. So fördern Sie die Eingebundenheit und Verantwortung jedes einzelnen Teammitglieds und beugen Gefühlen von Ohnmacht und Bevormundung gezielt vor, die zu Demotivation und Konflikten führen könnten.

Fairness-Checkliste erstellen

Finden Sie gemeinsam Lösungen für die identifizierten Themen.

Definieren Sie konkrete Verhaltensweisen, die eingehalten werden müssen.

Erstellen Sie eine Liste und bestimmen Sie klare Verantwortlichkeiten.

Vereinbaren Sie konkrete Maßnahmen bei Regelverstößen.

Dieses Vorgehen bietet Neulingen in der Führungsrolle die Möglichkeit, von Anfang an eine gemeinschaftliche Arbeitsatmosphäre zu schaffen, in der Konflikte mit Bezug auf die Fairness-Checkliste sachlich thematisiert werden können. Doch auch erfahrene Führungskräfte können mit diesem Werkzeug eingefahrene Strukturen von innen heraus statt durch eine Anordnung von oben aufweichen und verbessern. So gehen Sie dabei vor: Erarbeiten Sie gemeinsam mit Ihrem Team, welche Situationen in Ihrem Arbeitsalltag problematisch sind oder werden könnten. Gibt es z. B. notorische Zuspätkommer in Meetings und Besprechungen? Gibt es Regelbedarf hinsichtlich Redezeiten und Unterbrechungen von Redebeiträgen? Existieren Unterschiede in der Zuverlässigkeit in Bezug auf Deadlines oder Qualität der Arbeit? Ist der Mental Load der „unsichtbaren" Hintergrundarbeit gerecht verteilt? Konzentrieren Sie sich bei der Erarbeitung Ihrer Fairness-Checkliste auf die für das individuelle Team wichtigsten Aspekte. Sollten in der Gruppe sehr viele Konfliktthemen vorhanden sein, priorisieren Sie drei bis maximal fünf Punkte. Zeigt sich mit der Zeit eine Verbesserung dieser priorisierten Konfliktthemen, können Sie bei Bedarf gemeinsam eine aktualisierte Checkliste erarbeiten. (vgl. HUCKE 2019)

„Finden die mich zickig?" – Souverän statt hysterisch!

Das ambivalente Frauenbild unserer modernen Gesellschaft macht es Frauen in vielen Fällen besonders schwer, ein eigenes Standing als Führungskraft zu entwickeln. Auch hier existieren wieder äußere und innere Hindernisse, die es zu überwinden gilt. Gesellschaftlich werden Reaktionen von Männern und Frauen häufig sehr unterschiedlich bewertet. Ein wütender Mann ist vielleicht nicht besonders sympathisch, gilt aber durchaus als stark. Eine wütende Frau hingegen ist meistens hysterisch, was als Zeichen der Schwäche gilt. Die wenigsten Frauen haben im Laufe ihrer Sozialisation gelernt, sich selbstbestimmt durchzusetzen. Statt eine klare Ansage zu machen, verfallen auch selbstbewusste Frauen immer wieder in einen Kleinmädchen-Tonfall, als säßen sie auf Papas Schoß. Statt souverän und verantwortungsvoll um Hilfe zu bitten, neigen manche dazu, durch einen weinerlichen Ton ihr Gegenüber emotional zu erpressen. Solche Strategien kommunizieren Unterordnung und Hilflosigkeit, statt gleichberechtigt zur Zusammenarbeit aufzufordern.

Der Ton macht die Musik ...

Der aggressive Tonfall

Der weinerliche Tonfall

Der Kleinmädchen-Tonfall

Der sachlich-empathische Tonfall

Der Grund, warum Frauen in kontraproduktive Sprechweisen verfallen, liegt meistens in der Annahme, dass die eigenen Wünsche und Bedürfnisse nur so überhaupt gesehen und erfüllt werden können. Falls Sie sich in dieser Thematik wiederfinden, fangen Sie an, Ihre Reaktionen und die dahinterliegenden Annahmen bewusst wahrzunehmen. Bewusstheit ist der erste und wichtigste Schritt, um neue Weichen für kontraproduktive Automatismen und Verhaltensweisen zu stellen. Erliegen Sie allerdings nicht der Versuchung aus Kleinmädchen-Modus in einem harten Schwenk zum vermeintlich angemessenen, männlichen Kommandoton überzugehen. Sowohl unangemessene Unterwürfigkeit als auch ein übertriebenes Dominanzverhalten schaffen unnötige Gräben, die nicht zu erfolgreicher Zusammenarbeit führen.

Souverän statt hysterisch

Wertschätzung statt Jammer- oder Kommandoton

eindeutige Aussagen statt verschlüsselter Botschaften

ruhiges Sprechtempo statt schriller Stimmlage

selbstbewusste Körperhaltung statt Kleinmachen

Optimismus statt Leidenshaltung

Konfliktfähigkeit statt Trotzhaltung

Über Jahrzehnte eingeübte Verhaltensweisen, die nie hinterfragt und so zu Automatismen wurden, lassen sich selten von heute auf morgen komplett abstellen. Hier sind Achtsamkeit und etwas Beharrlichkeit gefragt. Nehmen Sie sich bewusst vor, die eigenen Automatismen wahrzunehmen. Überdenken Sie in Ruhe alternative Strategien und probieren Sie ganz gezielt neue Reaktionsmuster aus. Auch hier können Sie besonders herausfordernde Situationen zunächst im privaten Umfeld in Form von Rollenspielen üben. In der Gegenwart von Menschen, denen Sie vertrauen, können Sie sich die Zeit nehmen, in unterschiedliche Handlungsoptionen hineinzuspüren. So haben Sie die Möglichkeit, in Ruhe ein authentisches und selbstbewusstes Standing zu erarbeiten und zu trainieren. (vgl. BERCKHAN 2010, ECKROD 2015)

Wie erkenne und strukturiere ich die Teamdynamik?

Den eigenen Persönlichkeitstyp und den Anderer zu erkennen und zu verstehen, kann das Arbeiten im Team enorm erleichtern. Wenn Sie als Führungskraft ein Team zusammenbringen und motivieren möchten, ist es daher sinnvoll, sich mit Persönlichkeitsstrukturen und Teamdynamiken auseinanderzusetzen. Charaktere und Kompetenzen im Team sinnvoll zu organisieren, macht Ihr Team zufriedener und erfolgreicher. Jeder Mensch ist einzigartig, trotzdem lassen sich voneinander abgrenzbare Typen unterscheiden. Als Parameter dienen dabei vier psychologische Dimensionen, in deren Spektrum sich menschliches Denken und Handeln einordnen lassen.

Die 4 psychologischen Dimensionen

extravertiert – introvertiert (Außenwirkung)

konkret – abstrakt (Wahrnehmung & Denken)

Denk-Entscheider – Fühl-Entscheider (Entscheidungsfindung)

organisiert – locker (Arbeitsweise & Einstellung)

Die erste Dimension, Extra- und Introversion, ist in der Regel eher einfach zu identifizieren, wenn wir einen Menschen kennenlernen. Extravertierte sind nach außen gewandt, tanken Energie in der Außenwelt und im Umgang mit anderen. Introvertierte sind eher in sich gekehrt und brauchen Ruhe und Abgeschiedenheit, um sich zu regenerieren. Erstere neigen dazu, erst zu reden und dann zu denken. Ihr Gegenpart kann manchmal deutlich länger brauchen, bis sie oder er alles gründlich durchdacht hat und sich zu Wort meldet. Zwischen Extra- und Introvertierten kann es durch die grundsätzlich unterschiedlichen Persönlichkeitsstrukturen schnell zu Missverständnissen kommen. Extravertierte haben ihre Stärken u. a. in Kick-offs und Anfangsphasen, wenn sie schnell, risikobereit und kommunikativ sein können. Auch die interne und externe Kommunikation beherrschen sie in der Regel sehr gut. Introvertierte bringen hingegen mehr Konzentrationsfähigkeit und Ausdauer mit, um Konzepte auszuarbeiten und am Ball zu bleiben. Mit Großraumbüros und einer hektischen Arbeitsatmosphäre können Introvertierte meistens weniger gut umgehen als Extravertierte, die wiederum in einem abgelegenen Einzelbüro schneller unglücklich sind.

Beachten Sie unterschiedliche Bedürfnisse und Stärken von Extra- und Introvertierten.

Die zweite Dimension, konkret und abstrakt, beschreibt unterschiedliche Wahrnehmung und Denkprozesse. Konkrete haben einen Blick für Details, die Abstrakten nehmen hingegen übergeordnete Muster und Strukturen besser wahr. Im Arbeitsalltag zeigen Abstrakte deutliche Stärken in konzeptionellen Phasen und Innovationsprozessen, während die Konkreten in der praktischen und detaillierten Umsetzung stark sind. Richtig kombiniert können sich diese beiden Persönlichkeitstypen im Arbeitsleben sehr gut ergänzen und einem Projekt sowohl Tiefe als auch Innovationskraft bescheren. Durch die sehr unterschiedliche Wahrnehmung und Einordnung von Situationen kann es in manchen Fällen zu Missverständnissen kommen, die Sie durch offene und wertschätzende Kommunikation beheben können.

Nutzen Sie die Synergieeffekte sich ergänzender Persönlichkeiten.

Die dritte Dimension, Denk- und Fühlentscheider, bezieht sich auf die Art und Weise, wie eine Person ihre Entscheidungen trifft. Denk-Entscheider lassen sich von ihrem Verstand und gründlichen Analysen leiten, um Entscheidungen zu treffen. Fühl-Entscheider berücksichtigen vor allem die involvierten zwischenmenschlichen Aspekte sowie mögliche Auswirkungen und gehen in der Regel mit mehr Fingerspitzengefühl vor als ihr Gegenpart. Der Fokus auf Objektivität auf der einen Seite und auf Harmonie und Beziehungen auf der anderen Seite kann zu Konflikten führen. Je 65 % der Frauen sind Fühl-Entscheiderinnen und 65 % der Männer sind Denk-Entscheider. Diese Dimension ist zusätzlich am meisten von Erziehung und Sozialisation beeinflusst. In dieser Ebene ist es besonders wichtig, die Balance zwischen männlichem und weiblichem Prinzip zu berücksichtigen. Beide Entscheidungsprozesse haben ihre jeweiligen Stärken und Schwächen, deren bewusste Verbindung zahlreiche gesellschaftliche und unternehmerische Herausforderungen lösen könnte.

Geben Sie beiden Entscheidungsstrategien gleichberechtigt Raum in Ihrem Team.

Die vierte Dimension, organisiert und locker, bezieht sich auf die Art und Weise, wie jemand seinen Alltag und seine Arbeit anpackt und strukturiert. Das lässt sich oft schon mit einem Blick auf den Schreibtisch erkennen. Organisierte ordnen und strukturieren, Lockere hingegen haben häufig einen eher chaotischen Arbeitsplatz. Organisierte Persönlichkeitstypen sind schnelle Entscheider, Lockere hingegen sammeln gern ausführlich Informationen und geraten eher in Zeitnot. Besonders der sehr unterschiedliche Umgang mit Zeitmanagement kann im Arbeitsalltag zu Konflikten zwischen diesen Gegensätzen führen. Die einen kommen mit starren Regeln und Vorschriften besser zurecht, die anderen können sich in offenen Strukturen besser zurechtfinden. Diese Unterschiede sollten Sie bei der Verteilung von Aufgaben und Verantwortlichkeiten auf jeden Fall beachten. Erwarten Sie von einem Organisierten keine übermäßige Flexibilität und zwängen Sie den Lockeren nicht unnötig in reglementierende Strukturen.

Verringern Sie Frustrations- und Konfliktpotenzial durch sinnvolle Aufgabenverteilung.

Vermitteln Sie aktiv bei typbedingten Missverständnissen und Konflikten.

Die vier psychologischen Dimensionen beeinflussen sich gegenseitig und entwickeln im Zusammenspiel eine starke Dynamik. Für eine einfache Anwendung dieses Schemas lassen sich aus der Ausprägung der Dimensionen vier Kernpersönlichkeiten ableiten. (vgl. STAHL / BERNREITER 2020)

Die 4 Kernpersönlichkeitstypen

Abstrakte Denk-Entscheider --> Strategen mit hoher Kompetenz

Abstrakte Fühl-Entscheider --> Idealisten mit hohem Reflexionsgrad

Konkrete Organisierte --> Traditionalisten mit hohem Verantwortungsbewusstsein

Konkrete Lockere --> Kreative mit hohem Freiheitsbedürfnis

Eine gute Personal- und Teamführung versteht es, die individuellen Stärken zu fördern, Schwächen strukturell abzufedern und aus der richtigen Kombination wertvolle Synergieeffekte für das ganze Team bzw. Unternehmen zu entwickeln.

Wie behaupte ich mich in und mit meinem Team?

Sich im Beruf zu bewähren und zu behaupten, ist eine Herausforderung für jeden berufstätigen Menschen. Doch wie schon an mehreren Stellen erwähnt wurde, erlaubt die geschlechtsspezifische Erziehung Jungs bzw. Männern in den meisten Fällen ihre Durchsetzungsfähigkeit besser zu trainieren. Viele Frauen haben aufgrund innerer Blockaden mehr Schwierigkeiten, ihre innere Stärke und Durchsetzungsfähigkeit zu entfalten. Innere Ausgeglichenheit und das Wissen um die eigenen Fähigkeiten und Stärken sind eine wichtige Grundlage für ein souveränes Auftreten. Einige Konzepte und Aspekte zu diesem Themenkomplex wurden in den vorangegangenen Abschnitten bereits erläutert. Nun sollen zwei weitere wichtige Grundlagen des beruflichen Erfolgs thematisiert werden – Kritikfähigkeit und die Kunst des Neinsagens.

> Kritik von außen bringt die innere Kritikerin in Rage. Zügeln Sie sie.

Viele Menschen leiden unter dem unbewussten Glaubenssatz, dass sie sind, was sie leisten. Diese Botschaft geben leider viele Eltern und Lehrer Kindern durch ihren Erziehungsstil mit auf den Weg, ohne diesen Satz je laut zu formulieren. Daraus resultiert dann oft eine übermäßige Angst zu versagen. Einen einzigen Fehler zu machen, bedeutet für viele, als kompletter Mensch zu versagen und privat oder beruflich nichts mehr wert zu sein. Mit diesem Selbstbild ist es fast unmöglich, selbst konstruktive und wohlmeinende Kritik anzunehmen. Kritik von außen triggert die innere Kritikerin und wirkt oft wie Salz auf einer Wunde. Reaktionen der inneren Kritikerin auf Kritik können starke Verunsicherung, Schmollen oder auch Wutausbrüche sein. Allzu oft werden wir bei Kritik Opfer unserer Automatismen, die eine bewusste und konstruktive Reaktion verhindern. Werden Sie sich daher Ihrer reflexartigen Reaktionen auf Kritik bewusst und hinterfragen Sie diese sehr genau. **Ist Ihre Reaktion sinnvoll und angemessen?** Nehmen Sie dazu innerlich etwas Abstand zu der Situation und betrachten Sie sie so wertfrei wie möglich. Üben Sie einen Perspektivwechsel und betrachten Sie die Situation so, als würde eine gute Freundin sie Ihnen erzählen. Wie wäre ihre Einschätzung der Kritik und ihrer Bedeutung in diesem Fall? In den meisten Fällen gehen Menschen mit sich selbst wesentlich härter als mit anderen ins Gericht. Denken Sie an Ihren Lieblingskollegen oder Lieblingskollegin. Würden Sie diese Person plötzlich mit ganz anderen Augen sehen und nicht mehr mögen, wenn ihm oder ihr ein einfacher Fehler unterlaufen würde? Sicher nicht, warum nehmen Sie dann an, dass es umgekehrt auf jeden Fall so sein wird? Wo gearbeitet wird, werden Fehler gemacht. Nur wer nicht arbeitet, macht auch keine Fehler.

Unterbinden Sie die Perfektionsansprüche der inneren Antreiberin.

Der Selbstwert ist häufig nicht nur an eine fehlerfreie Leistung, sondern auch an die Anerkennung anderer gebunden. Bleibt die Anerkennung von außen aus, fällt das Selbstbewusstsein ins Bodenlose. Unser Wert als Mensch existiert unabhängig von unseren Leistungen. Um selbstbestimmt und zufrieden zu sein, ist es wichtig, diese Tatsache bewusst anzuerkennen. Sollte Ihnen dieser Gedanke besonders schwerfallen, wenden Sie sich gezielt Ihrem inneren Schattenkind zu und führen Sie bei Bedarf die bereits geschilderte Visualisierungsübung durch. Natürlich ist Anerkennung von außen sehr motivierend, doch sie sollte nicht die einzige Quelle des Selbstwertgefühls sein. Anerkennung oder Zuneigung sind für viele Menschen unmittelbar an eine überdurchschnittliche Leistung gekoppelt. Wird die eigene Arbeit nicht beachtet, kritisiert oder gar offen abgelehnt, gerät das komplette Selbstbild ins Wanken. Denn einen konstruktiven Umgang mit Fehlern haben leider nur die wenigsten in ihrer Kindheit und Jugend gelernt. Falls Sie zu diesen Menschen gehören, **versuchen Sie, Ihre Fehlertoleranz und Kritikfähigkeit zu üben.** Fehler und Irrtümer gehören zu jedem Entwicklungs- und Lernprozess. In diesem Sinne unterstützt konstruktive Kritik Ihre persönliche Entwicklung. Mit einem gesunden Selbstwertgefühl sind Sie in der Lage, selbst zu entscheiden, welche Kritik gerechtfertigt und für Ihre Entwicklung hilfreich ist und welche nicht.

Die eigene Kritikfähigkeit üben

Hören Sie aufmerksam zu. Erlauben Sie Ihrem Gegenüber, die Kritik zu formulieren, ohne dass Sie sich rechtfertigen oder verteidigen.

Wahren Sie eine gewisse innere Distanz. Wägen Sie ab, ob die Kritik sinnvoll begründet ist.

Fragen Sie im Zweifelsfall nach, welche Punkte warum kritisiert werden.

Bedanken Sie sich bei Ihrem Gegenüber ehrlich für das Feedback, auch wenn es Ihnen nicht gefällt.

Je nach Situation können Sie auf die Kritik eingehen, Ihre eigene Perspektive schildern und Veränderungen vorschlagen.

Fassen Sie abschließend das Gespräch zusammen, um sicherzustellen, dass Sie alles richtig verstanden haben.

Eine weitere innere Barriere haben viele Frauen, wenn es darum geht, Kritik an anderen zu üben. Das Bedürfnis, nicht anzuecken und es allen recht zu machen, untergräbt die Fähigkeit, konstruktive Kritik auszusprechen. Ungesunde Glaubenssätze des inneren Kindes verleiten dann zu der Annahme, dass das Gegenüber uns nach der Kritik nicht mehr mag und ablehnen wird. Das ist ein sehr hinderlicher Trugschluss. Respekt ernten Sie nicht, wenn Sie es allen recht machen, sondern wenn Sie authentisch und integer sind. Verwechseln Sie eine Fassade der Harmonie nicht mit Respekt. Wenn Sie sich nicht trauen, konstruktive Kritik zu üben, verwehren Sie Ihrem Gegenüber eine hilfreiche Lern- und Wachstumschance. Sachbezogene Kritik, die wertschätzend formuliert wird, ist ein wichtiger Baustein einer erfolgreichen beruflichen Entwicklung. Entziehen Sie sich und Ihrem Team diese Ressource nicht, weil Sie befürchten, sich unbeliebt zu machen. Wenn Sie als Führungskraft ein **Kritik-Gespräch mit einem Teammitglied** führen müssen, sollten Sie darauf achten, dass der Fokus immer auf einer Verbesserung oder Lösung des Problems liegt. Es geht bei Kritik generell nicht um Schuldzuweisungen, sondern darum, in der Zukunft erfolgreicher zu arbeiten und als Team besser zu funktionieren.

So kritisieren Sie konstruktiv!

Üben Sie Ihre Kritik möglichst zeitnah und warten Sie lieber nicht, bis sich mehrere Kritikpunkte angesammelt haben.

Thematisieren Sie einen Kritikpunkt pro Gespräch. Führen Sie bei mehreren Punkten mehrere separate Gespräche.

Formulieren Sie Ihre Kritik möglichst präzise und vermeiden Sie Verallgemeinerungen und Übertreibungen.

Informieren Sie Ihr Gegenüber darüber, anhand welcher Maßstäbe Sie Ihre Kritik üben.

Bleiben Sie bei den Fakten und stellen Sie Vermutungen oder Interpretationen nicht als Fakten dar.

Formulieren Sie Ihre eigene Enttäuschung oder Wut in Ich-Botschaften und machen Sie keine Vorwürfe.

Sprechen Sie als Ausgleich auch positive Aspekte Ihres Gegenübers an.

Geben Sie Ihrem Gegenüber Zeit, die eigene Perspektive darzulegen und konkrete Lösungsvorschläge zu machen.

Schließen Sie das Gespräch mit einer konkreten Bitte und einem eigenen Lösungsvorschlag ab.

Unterbinden Sie Klatsch und Tratsch in Ihrem Team. Kritik sollte immer direkt an die betroffene Person gerichtet und nicht über Dritte verbreitet werden. Generell sollte nicht abwertend über nicht anwesende Personen gesprochen werden. Wenn Sie Zeugin von Tratsch werden, sagen Sie etwas Positives über die betroffene Person. Thematisieren Sie Konflikte offen und konstruktiv, bevor sie eskalieren. Es gehört zu den Aufgaben einer Führungskraft, Tratsch und Mobbing zu unterbinden und den Teamzusammenhalt zu stärken.

Kritik an Vorgesetzten zu üben, ist aufgrund der üblicherweise herrschenden Hierarchien nicht so einfach. Kommt noch ein großer Alters- und Erfahrungsunterschied hinzu, wird es umso komplizierter. Lassen Sie sich davon jedoch nicht abhalten. Wenn Sie der Meinung sind, einen kritischen Punkt ansprechen zu müssen, um die Situation zu verbessern, sollten Sie dies auch tun. Konstruktive Kritik zu üben, führt nicht immer zu einer direkten Lösung des Problems, doch Sie können zumindest Ihren Standpunkt formulieren und sich für Ihr Team stark machen. Auch hier gilt, dass Kritik immer wertschätzend, sachbezogen und lösungsorientiert vorgetragen werden sollte. Im besten Fall freut sich Ihr Chef bzw. Ihre Chefin über das klärende und nach Lösungen suchende Gesprächsangebot von Ihrer Seite. Falls dem nicht so ist, betrachten Sie das Gespräch als wertvolle Übung zum Ausbau Ihrer Fähigkeiten und Führungskompetenzen.

Vorgesetzte konstruktiv kritisieren

Machen Sie keine Vorwürfe oder Anklagen.

Sprechen Sie sachlich über den Ist-Zustand der Problematik.

Sprechen Sie nur für sich selbst und nicht für andere.

Bitten Sie um Hilfe bei der Lösung des Problems.

Unterbreiten Sie konkrete Lösungsvorschläge.

Bleiben Sie standhaft mit der Bitte um Lösung Ihres Anliegens.

Neben dem Formulieren von Kritik stellt das Ablehnen von Wünschen oder Forderungen, also **das Neinsagen**, für viele Frauen eine enorme Herausforderung dar. Die dahinterliegenden mental-emotionalen Mechanismen entsprechen weitestgehend den im Rahmen der Kritikfähigkeit beschriebenen Gedanken und Befürchtungen. Wenn wir unsere eigenen Bedürfnisse ernst nehmen und uns gegenüber Ansprüchen anderer abgrenzen, machen wir es nicht mehr jedem recht und fürchten dafür, abgelehnt zu werden. Im Beruf sind es oft Fragen wie „Können Sie heute spontan länger arbeiten?" oder „Können Sie diese Zusatzaufgabe noch schnell erledigen?", die trotz wichtiger eigener Termine oder einem bereits überquellenden Schreibtisch nicht abgelehnt werden können. Hilfsbereitschaft ist eine gute Eigenschaft, doch wenn die eigenen Bedürfnisse und Grenzen dabei ignoriert werden, wird es kritisch. Lassen Sie sich auch durch persönliche oder freundschaftliche Beziehungen nicht unter Druck setzen. Überprüfen Sie Anfragen und Vorschläge immer mit einem klaren Kopf und achten Sie auch auf **Ihr intuitives Bauchgefühl**. Lassen Sie sich Zeit, wenn Sie nicht sicher sind, ob Sie ja oder nein sagen möchten. „Ich möchte keine Versprechungen machen, doch ich werde Ihren Vorschlag bis morgen in Ruhe prüfen und mich entscheiden." wäre eine mögliche Antwort, um sich **Zeit zum Nachdenken** zu geben. Wenn Sie etwas nicht möchten oder nicht tun können, dann formulieren Sie dies klar und deutlich. Relativieren Sie Ihre Aussage nicht. Sie müssen Ihre Absage auch nicht zwangsläufig erklären. Entscheidend ist außerdem, dass Sie bei Ihrer Antwort bleiben und sich nicht unter Druck setzen.

Auch wenn Sie ein klares und unmissverständliches Nein äußern, kann es sein, dass Ihr Gegenüber dies nicht akzeptiert. Nehmen Sie sich in solchen Fällen vor Manipulationsversuchen in Acht bzw. **lernen Sie, Manipulationen zu erkennen** und ihnen mit Standhaftigkeit zu begegnen. Ihr Gegenüber könnte versuchen, an Ihr Mitleid zu appellieren mit einem Satz wie „Lassen Sie uns jetzt nicht im Stich. Wir sind ohne Sie aufgeschmissen.". Es könnte Ihnen Egoismus unterstellt werden mit einer Aussage wie „Sie denken nur an sich. Und wir können zusehen, wo wir bleiben.". Ein beliebtes Druckmittel ist auch das Formulieren von persönlicher Enttäuschung in Sätzen wie „Das hätte ich von Ihnen nicht erwartet. Auf Sie konnte ich mich doch immer verlassen.". Wenn Sie bisher nie nein sagen konnten, werden Sie vielleicht etwas Übung brauchen, bis Sie eine Bitte oder Forderung souverän ablehnen können. Wie in den meisten Aspekten des Lebens wird jedoch auch das Neinsagen mit der Zeit und etwas Training einfacher.

Was passieren kann, wenn Sie nein sagen

Appell an Ihr Mitleid

Vorwurf des Egoismus

Menschliche Enttäuschung

Begründung wird nicht akzeptiert

Üben Sie das Neinsagen im Beruf und auch im Privatleben konsequent, denn Übung macht die Meisterin. Auch in diesem Bereich können Sie sich durch Rollenspiele auf die echten Situationen vorbereiten. In diesen Trainingssituationen haben Sie die Möglichkeit, auf Ihre Haltung zu achten und unterschiedliche Antworten auszuprobieren. Sie können sich außerdem Feedback und Anregungen geben lassen. Nutzen Sie diese Chance besonders, wenn Ihnen das Neinsagen trotz triftiger Gründe sehr schwerfällt. Wenn Sie sich nicht sicher sind, ob Sie eine Bitte erfüllen wollen oder nicht, lassen Sie sich unbedingt Zeit zum Überlegen. Lassen Sie sich nicht überrumpeln. Gehen Sie in sich und spüren Sie nach, wie sich die jeweilige Entscheidung auswirken würde. Auch hier sollten Sie im Zweifelsfall auf Ihr Bauchgefühl hören. (vgl. ECKROD 2015, BERCKHAN 2010)

Wenn ich ja sage – wie würde sich diese Entscheidung morgen anfühlen und warum?

Wenn ich nein sage – wie würde sich diese Entscheidung morgen anfühlen und warum?

Entdecken Sie Ihre individuelle Führungspersönlichkeit!

Um sich selbst und die eigene Führungspersönlichkeit besser zu verstehen, kann man sich selbst zunächst in die bereits beschriebenen Persönlichkeitstypen einordnen. Wie denken, handeln und entscheiden Sie? Nehmen Sie die Welt eher abstrakt oder konkret wahr? Sind Sie eher organisiert oder locker? Wer sich selbst gut kennt, kann seine Stärken und individuellen Führungsqualitäten gezielt entwickeln und ausbauen. Außerdem sind Sie so auf strukturelles Konfliktpotenzial mit anders ausgeprägten Persönlichkeitstypen vorbereitet und können Meinungsverschiedenheiten besser einordnen, verstehen und ausbalancieren.

Welche der vier Kernpersönlichkeitstypen beschreibt Sie am besten? Sind Sie eine **Strategin mit hoher Fachkompetenz**, die analytische und sachbezogene Entscheidungen trifft und Situationen aus einer eher abstrakten, übergeordneten Perspektive betrachtet? Oder gehören Sie zu den abstrakten Denkerinnen, die ihre Entscheidungen eher auf Basis sozialer, zwischenmenschlicher Aspekte trifft? Sind Sie also eine **Idealistin mit hohem Reflexionsgrad**? Beide Persönlichkeitstypen neigen dazu, Details zugunsten des größeren Bildes zu vernachlässigen. Wer das weiß, kann sich gezielt auch an Teammitglieder wenden, die als konkrete Denker ein besonderes Auge für die Details haben. So können Sie Ihre Einschätzungen und Entscheidungen im Perspektivwechsel bereichern und den eigenen Ansatz lösungsorientiert hinterfragen und überprüfen. Auch potenzielle Konflikte mit konkret denkenden Kollegen und Kolleginnen können Sie so besser antizipieren und im besten Fall vermeiden. Oder gehören Sie zu den **Traditionalistinnen mit hohem Verantwortungsbewusstsein**, die sehr organisiert und mit

Blick auf die praktischen Details arbeiten? Dann üben Sie den Perspektivwechsel mit abstrakt denkenden Teammitgliedern und vermeiden Sie Konflikte, die durch eine andere Wahrnehmung der Situation oder Problemstellung resultieren. Als **Kreative mit hohem Freiheitsbedürfnis** haben Sie zwar eine detailorientierte Wahrnehmung und Denkweise, doch Ihr Arbeitsstil ist eher locker und unkonventionell. Wenn Sie sich dessen bewusst sind, können Sie Meinungsverschiedenheiten mit Teammitgliedern, die Struktur und Regeln bevorzugen, besser verstehen und auf diese, Ihrem Führungsstil entgegengesetzten Bedürfnisse gezielt eingehen. Jede dieser Kernpersönlichkeiten hat klare Stärken und gleichzeitig einige blinde Flecken hinsichtlich der Herangehensweise der anderen Persönlichkeitstypen. Wer sich selbst kennt, kann eigene Stärken gezielt ausbauen, Schwächen durch Teamwork ausgleichen und viele unnötige Reibereien und Konflikte vermeiden. Nutzen Sie dieses Wissen für Ihren persönlichen Erfolg und den Ihres Teams. (vgl. STAHL / BERNREITER 2020)

Was kann ich?

Was will ich?

Was ist mir wichtig?

Wenn Sie sich beruflich noch weiterentwickeln möchten oder auf eine höhere Position hinarbeiten, kann es sehr hilfreich sein, sich die eigenen Stärken, Wünsche und Prioritäten erst einmal bewusst zu machen. Streben Sie tatsächlich eine Führungsposition mit Mitarbeiterverantwortung an oder geht es Ihnen eher darum, sich fachlich weiterzuentwickeln und mehr Verantwortung in der Entwicklung von Strategien oder Produkten zu tragen? Möchten Sie Ihr Potenzial auf einem anderen Gebiet entfalten und z. B. lieber im Innen- statt im Außendienst arbeiten? Wie wichtig ist Ihnen das Gehalt? Wie wichtig ist Ihnen Ihre zuverlässige Freizeitplanung? Erfolg ist das, was Sie darunter verstehen. Die eigenen Motivationen und Bedürfnisse zu kennen, ist wichtig und hilfreich, um sich im Beruf erfolgreich auszurichten und gezielt zu entwickeln.

Wie sähe Ihr Leben konkret aus, wenn Sie Ihr Potenzial voll entfaltet hätten?

So gut wie jeder Mensch wünscht sich Erfolg. Doch wie bereits gesagt, ist Erfolg das, was Sie ganz persönlich darunter verstehen. Bevor Sie sich also blindlings vorankämpfen und eventuell unnötig

Kraft an den falschen Stellen investieren, machen Sie sich ein möglichst detailliertes Bild Ihres persönlichen Verständnisses von Erfolg. Visualisieren Sie dazu Ihren beruflichen Erfolg so konkret wie möglich. Was wäre anders als jetzt? Was bliebe gleich? Wie würde Ihr Alltag aussehen? Wie würden Sie sich fühlen? Wie würden Sie der Welt begegnen? Wie würden die Menschen in Ihrem Umfeld reagieren? Auch wenn Sie noch nicht genau da sind, wo Sie gern wären, haben Sie auf jeden Fall bereits jetzt einiges erreicht, worauf Sie stolz sein können und auch sollten.

Wo stehen Sie jetzt? Was gilt es, noch zu verändern?

Machen Sie eine Bestandsaufnahme der Bereiche, in denen Sie bereits gut aufgestellt sind. Berücksichtigen Sie dabei sowohl Ihr Fachwissen als auch Ihre Soft Skills. Wo genau sehen Sie Ihre persönlichen Herausforderungen? In welchen Bereichen wird es schwieriger, das eigene Potenzial auszuschöpfen? Welchen nächsten konkreten Schritt müssen Sie machen, um Ihrem persönlichen Verständnis von Erfolg näher zu kommen? Berufliche Potenzialentfaltung basiert einerseits auf der Entwicklung Ihrer individuellen Fähigkeiten und Kenntnisse und andererseits auf Ihrem konkreten Handeln in sozialen Kontexten. Potenzial muss ausgelebt werden, damit es sich entfalten kann. Persönliches Wachstum findet also sowohl allein in unserem Inneren als auch gemeinschaftlich im Äußeren statt. Wer sein volles Potenzial entwickelt, bereichert das eigene Leben sowie das seiner Mitmenschen. Es geht darum, zu werden, wer wir wirklich sind und gleichzeitig unseren Platz in der Welt zu finden. (vgl. BOCK 2015)

SCHWIERIGE VERHANDLUNGEN SOUVERÄN FÜHREN

Jede Verhandlung besteht aus grundlegenden Ebenen oder Elementen, die für einen erfolgreichen Ausgang zu beachten sind. Gerade für besonders schwierige oder herausfordernde Verhandlungsgespräche ist es sinnvoll, sich dieses Gerüst der Verhandlung zu vergegenwärtigen, zu durchdenken und im Hinterkopf zu behalten. So ist es einfacher, auch in kritischen Momenten und bei heiklen Themen sachlich und lösungsorientiert zu bleiben. Außerdem können Sie durch gezielte Vorbereitung verhindern, dass Sie sich aus dem Konzept bringen oder überrumpeln lassen.

Elemente einer sachbezogenen Verhandlung

Beziehungsebene – wie ist die jeweilige Haltung einander gegenüber?

Kommunikation – sind Offenheit, Respekt und Gegenseitigkeit gegeben?

Motivationen – welche Interessen haben die jeweiligen Verhandlungsseiten?

Handlungsoptionen – lässt sich eine Win-Win-Situation herstellen oder eher nicht?

Fairness & Ausgleich – gibt es nicht nur Forderungen, sondern auch Angebote?

Alternativen – mit welchen Kompromissen könnte ein Scheitern verhindert werden?

Vereinbarungen – werden von beiden Seiten verbindliche Zusagen formuliert?

Ein erfolgreiches Verhandlungsergebnis erreichen Sie am leichtesten, wenn Sie einen Ausgleich zwischen dem männlichen und weiblichen Prinzip finden. Seien Sie rational, aber verlieren Sie die menschliche Ebene nicht aus den Augen. Zeigen Sie Stärke und seien Sie gleichzeitig kompromissbereit. Schaffen Sie eine wertschätzende Atmosphäre auf Augenhöhe, um zu einem nachhaltigen Verhandlungserfolg zu gelangen. Finden Sie situationsangemessene Lösungen, die auch die langfristige Zusammenarbeit fördern. Wenn Sie authentisch weiblich verhandeln und einige männlich geprägte Taktiken berücksichtigen, haben Sie beste Chancen, auch schwierige Verhandlungen erfolgreich zu meistern. (vgl. FISHER / SHAPIRO 2019)

Wie gehe ich selbstsicher in schwierige Verhandlungen?

Auch wenn Sie eher zu den Improvisationskünstlerinnen gehören, ist es besonders vor einer anspruchsvollen Verhandlung empfehlenswert, ein paar Vorbereitungen zu treffen. Insbesondere wenn die geschäftliche Beziehung bereits vorbelastet oder aus anderen Gründen angespannt ist versuchen Sie, sachlich zu bleiben und sich der Situation aus verschiedenen Perspektiven zu nähern. Formulieren Sie Ihre „Botschaft" so, dass Ihr Gegenüber Sie verstehen und Ihr Anliegen nachvollziehen kann. Ihre Botschaft enthält Ihre individuelle Perspektive und Ihre Verhandlungsziele. Warum erwarten Sie welche Ergebnisse? Worüber verhandeln Sie exakt? Diese Vorbereitung hilft enorm, sich selbst der eigenen Position und Wünsche bewusst zu werden. Formulieren Sie dabei generell so konkret wie möglich und verwenden Sie Ich-Botschaften und Fragen, um kritische oder heikle Punkte anzusprechen.

Beantworten Sie sich selbst diese Fragen:

Was soll mein Gegenüber konkret tun oder verändern?

Welche Vor- & Nachteile hat mein Wunsch aus der Sicht des anderen?

Wird meine Botschaft eher positiv / neutral / abwehrend aufgenommen werden?

Welche Umstände, Motivationen und Ziele verbinden uns?

Es stellt sich auch die Frage, mit wem genau Sie verhandeln. Ist Ihr Gespräch unternehmensintern oder verhandeln Sie mit Zulieferern oder Kooperationspartnern? Verhandeln Sie branchenintern? Wie viel wissen Sie über die Branche Ihres Verhandlungspartners? Hat Ihr Gegenüber ähnliche oder eher gegensätzliche Interessen und Ziele? Versuchen Sie, je nach Verhandlungspartner, adressatengerecht zu formulieren. Überlegen Sie sich, wie Sie gegensätzliche Ziele vereinen können, statt Gräben noch zu vertiefen. Üben Sie wieder den Perspektivwechsel, um die Gegenposition besser zu verstehen. Erkennen Sie **Standpunkt und Ziele Ihres Gegenübers** an und formulieren Sie Ihre Anerkennung aktiv im Gespräch. Sie müssen die Ansichten des anderen nicht teilen, doch kommunizieren Sie Wertschätzung. Zeigen Sie Ihrem Verhandlungspartner, dass Sie seine Sicht der Dinge berücksichtigen und anerkennen. Das schafft Verbundenheit, auch wenn Sie bei Ihrer eigenen Position bleiben und in wichtigen Punkten keine Kompromisse machen.

An wen genau richtet sich meine Botschaft?

Wie kann ich Gegensätze überbrücken?

Wie kann ich Verbundenheit schaffen?

Erstellen Sie im Laufe Ihrer Vorbereitungen eine Liste mit hilfreichen Fragen. Bereiten Sie sich gezielt darauf vor, noch nicht vorhandene, **nützliche Informationen von Ihrem Gegenüber** zu erhalten. Formulieren Sie offene und keine geschlossenen Fragen, auf die Sie nur ein knappes Ja oder Nein als Antwort erhalten. Fragen Sie so, dass Ihr Verhandlungspartner den eigenen Standpunkt und die eigenen Ziele erläutern kann. So kommunizieren Sie Wertschätzung und **erweitern Ihr eigenes Verständnis** der Situation. Es gibt viele allgemeine Fragen, die Sie in fast jeder Verhandlungssituation nutzen können, um gegenseitiges Verständnis zu fördern und eine gute Verhandlungsbasis zu schaffen. Sich ein Set an hilfreichen Fragen und Formulierungen zu erarbeiten, hilft Ihnen auch in kritischen Situationen, nicht sprachlos zu sein und schwierige Verhandlungen nicht in einer Sackgasse enden zu lassen. (vgl. FISHER / SHAPIRO 2019)

Formulierungen & Fragen für (fast) jede Verhandlung

Wie schätzen Sie die Situation ein?

Helfen Sie mir, Ihre Sicht der Dinge zu verstehen.

Helfen Sie mir zu verstehen, welche Punkte Ihnen besonders wichtig sind.

Welche Entwicklung erwarten Sie auf diesem Gebiet?

Wie schätzen Sie die Vorteile / Nachteile ein?

Was genau bereitet Ihnen Sorge an dieser Entwicklung?

Was genau behagt Ihnen nicht an meinem Lösungsvorschlag?

Welche weiteren Punkte sind Ihnen wichtig?

Welches Thema hat aus Ihrer Sicht die größte Dringlichkeit?

Welcher der heute besprochenen Punkte ist Ihnen am wichtigsten?

Wie verhandle ich souverän & erfolgreich?

In jeder menschlichen Interaktion sind zahlreiche, meistens nur schwer identifizierbare Emotionen beteiligt, die den Ausgang von Verhandlungen maßgeblich beeinflussen. Da die Bandbreite der Emotionen zu unübersichtlich ist, um sie innerhalb eines Gesprächs zu analysieren und zu verstehen, ist es sinnvoll, sich stattdessen auf die fünf emotionalen Grundbedürfnisse und deren Befriedigung zu konzentrieren. Emotionale Grundbedürfnisse sind der Auslöser für zahlreiche positive und negative Emotionen, die für berufliche Interaktionen und Verhandlungsgespräche entscheidend sein können. Negative Emotionen können in Verhandlungen eine große Hürde darstellen und erhöhen die Wahrscheinlichkeit des Scheiterns enorm. Positive Emotionen können u. a. verhärtete Fronten aufweichen und Opposition in Kooperation wandeln.

Die 5 emotionalen Grundbedürfnisse

Wertschätzung – individueller Standpunkt & Beitrag wird gewürdigt

Verbundenheit – es herrscht Partnerschaftlichkeit auf Augenhöhe

Autonomie – persönliche Entscheidungsfreiheit wird respektiert

Status – jeweilige Position wird anerkannt und nicht abgewertet

Rolle – die individuelle Rolle wird als befriedigend empfunden

Wer diese fünf emotionalen Grundbedürfnisse versteht und effektiv adressiert, kann bei seinem Gegenüber positive Emotionen hervorrufen und Gesprächsverläufe konstruktiv beeinflussen. Prinzipiell sollte jedes der fünf Bedürfnisse in einem ausgeglichenen Maße befriedigt werden, damit **ein positives Verhandlungsklima** erzeugt wird. Weder sollte ein Grundbedürfnis überbetont noch ein anderes ignoriert werden. Dabei sind die Grundbedürfnisse in der Realität nicht immer klar voneinander trennbar. Drei Kriterien können Sie nutzen, um zu ermitteln, ob und wie den Grundbedürfnissen in einer realen Situation entsprochen wird.

Kriterien zur Bedürfnisbefriedigung

Faire Behandlung – allgemeine Umgangsregeln werden eingehalten

Aufrichtiger Umgang – ehrliche Kommunikation ohne Täuschungsversuche

Situationsangemessenheit – situative Besonderheiten werden berücksichtigt

urch die Kenntnis der fünf Grundbedürfnisse können Sie die Reaktionen von erhandlungspartnern besser verstehen und gegebenenfalls verändern. Eine wertschätzende eziehung zum Gegenüber aufzubauen, schafft eine gemeinsame Ebene, die Verhandlungen oranbringt und auch vermeintliche Fronten abbaut. Durch positive Emotionen bauen Sie lisstrauen ab und erleichtern sich und Ihrem Verhandlungspartner den Weg zu einer Einigung. rkennen Sie Motivation und Zielsetzung Ihres Verhandlungspartners an und kommunizieren Sie ies im Verhandlungsgespräch. Machen Sie sich bewusst, welche Logik und Argumentation der ndere verfolgt. Schaffen Sie gezielt Verbundenheit durch Formulierungen wie „Auch wenn ich Ihre nterpretation der Lage nicht teile, kann ich Ihren Standpunkt nachvollziehen.“. Damit haben Sie hren eigenen Standpunkt behauptet und gleichzeitig Ihr Gegenüber mit ins Boot geholt. Ermitteln ie, welche hervorstechenden Grundbedürfnisse bzw. Emotionen Ihr Verhandlungspartner hat. estärken Sie z. B. positive Leistungen mit Sätzen wie „Ich bewundere die Weitsicht Ihres orschlags.“ oder „Ich habe großen Respekt für die inhaltliche Tiefe und Detailgenauigkeit Ihres ntwurfs.“. Je nach Situation kann es außerdem darum gehen, bereits Geleistetes deutlicher nzuerkennen oder Entgegenkommen klarer anzuerkennen. **Negative Emotionen sind ein törfaktor** in beruflichen Beziehungen und Verhandlungen, der sich in vielen Fällen durch eine ute Kommunikation ausgleichen lässt. Eine wertschätzende Verhandlungsstrategie, die die eweiligen Grundbedürfnisse berücksichtigt, kann Ihnen helfen, positive Emotionen zu erzeugen, ie maßgeblich zum Verhandlungserfolg beitragen. (vgl. FISHER / SHAPIRO 2019)

Wie man trotz konträrer Positionen zusammenkommt

Einig uneinig sein – wie man sich trotz unterschiedlicher Standpunkte entgegenkommt. In männlich geprägten Unternehmensstrukturen und Verhandlungen ist es oft so, dass bei einem Nein die Verhandlung erst wirklich beginnt. Im Sinne des männlichen Prinzips gehört das **Kräftemessen und das Ausloten von Grenzen** häufig zum Spiel dazu. Frauen sind in vielen Fällen auf diese Tatsache nicht vorbereitet und verstehen dieses erste Nein nicht als Eröffnung der Verhandlung, sondern als Schlusspunkt und geben vorschnell auf. Bleiben Sie also am Ball und verlassen Sie das Spielfeld nicht voreilig.

Bleiben Sie standhaft mit der Beharrlichkeitsschleife!

→ Wiederholen Sie die Position Ihres Gegenübers in eigenen Worten.

„Wenn ich Sie richtig verstanden habe, bevorzugen Sie Strategie A."

→ Formulieren Sie dann Ihre eigene Position direkt im Anschluss.

„Und ich möchte auf jeden Fall Strategie B umsetzen."

→ Begründen Sie Ihre Position kurz und knapp & ohne Relativierungen.

„Denn dieses Verfahren spart Ressourcen und Geld."

→ Wiederholen Sie stur diese Sätze, so lange wie notwendig.

Erst wenn Sie nach mehrmaliger Schleife nicht weiterkommen:

→ Machen Sie einen Kompromissvorschlag.

→ Verändern Sie Ihren ursprünglichen Wunsch.

Der Kern dieser Beharrlichkeitsstrategie liegt in der konsequenten Nennung und Wiederholung des eigenen Standpunktes. Für diese Taktik brauchen Sie einen langen Atem, da Ihr Gesprächspartner gegebenenfalls auch an seiner Argumentation festhält. Es geht nicht darum, die Argumente des anderen zu widerlegen oder zu entkräften. Wichtig ist, dass Sie in Ihrer eigenen Haltung konsequent und standhaft bleiben. Es gibt Situationen, in denen nicht die besseren Argumente gewinnen. Manchmal ist es die reine **Beharrlichkeit, die zum Erfolg führt**. Sollte Ihr Verhandlungspartner besonders stur und manipulativ sein, können Sie sich als Notfall-Variante ausschließlich auf Ihren Wunsch konzentrieren und Begründungen und Argumente beiseitelassen, bevor Sie sich in sinnlose Diskussionen verstricken. Lassen Sie sich im Zweifelsfall nicht reizen oder provozieren, sondern bleiben Sie sachlich und beharrlich. Wenn Sie in einer Verhandlung unter Druck geraten und die Emotionen hochkochen, setzen Sie innerlich ein klares Stoppsignal und **bitten Sie gegebenenfalls um eine kurze Pause** oder Unterbrechung des Gesprächs. Nutzen Sie diese Zeit, um sich zu beruhigen und zu einer möglichst sachlichen

Perspektive zurückzufinden. Atmen Sie tief durch, gehen Sie kurz an die frische Luft oder visualisieren Sie etwas Schönes, um bewusst aus dem Gedanken- und Gefühlskarussell auszusteigen.

Fragen Sie sich:

Welches Grundbedürfnis wurde gerade verletzt?

Was steht ganz konkret auf dem Spiel?

Wie wichtig ist mir dieser Punkt wirklich?

Je nachdem wie Sie sich die obigen Fragen beantworten, können Sie Ihr weiteres Vorgehen überdenken und der Situation angemessen anpassen. Betrachten Sie die fünf Grundbedürfnisse Wertschätzung, Verbundenheit, Autonomie, Status und Rolle aus der Perspektive Ihres Verhandlungspartners und aus der eigenen. Können Sie Diskrepanzen erkennen, die zur emotionsgeladenen Situation beigetragen haben? Versuchen Sie, diese Punkte im weiteren Gesprächsverlauf zu klären. Konzentrieren Sie sich außerdem lösungsorientiert auf die Sachebene und machen Sie keine Schuldzuweisungen, die die Situation weiter eskalieren lassen.

Wenn Sie den Standpunkt Ihres Verhandlungspartners grundsätzlich nicht verstehen, können Sie **eine neutrale Vermittlerposition einnehmen.** Versuchen Sie, die Sichtweise beider Parteien wahrzunehmen und anzuerkennen. Welche Punkte sind Ihrem Gegenüber besonders wichtig? Welche Punkte sind besonders kritisch? Fragen Sie gezielt nach, wenn Sie die Argumentation Ihres Gesprächspartners nicht nachvollziehen können. Urteilen Sie nicht, sondern versuchen Sie zu verstehen, welche Argumentation hinter der abweichenden Haltung liegt. Bauen Sie durch Wertschätzung eine Brücke zu Ihrem Gegenüber. Knüpfen Sie Ihre Wertschätzung dabei nicht an Bedingungen, sondern lassen Sie die konträre Position wertfrei für sich stehen.

Helfen Sie mir, Ihren Standpunkt besser zu verstehen.

Welche Punkte sind Ihnen besonders wichtig?

Welche Aspekte bereiten Ihnen am meisten Sorge?

Hören Sie aktiv zu. Versuchen Sie, nicht durch Ihre persönliche Brille zu interpretieren, sondern die Darlegungen des anderen so sachlich wie möglich aufzunehmen und die dahinterliegende Logik zu erfassen. Zeigen Sie Ihrem Gesprächspartner, dass Sie die Argumentation verstanden haben, indem Sie das Gehörte in eigenen Worten wiederholen. Falls Sie den Eindruck haben, dass Ihr eigener Standpunkt nicht verstanden wurde, thematisieren Sie dies ebenfalls.

> Ich bin nicht sicher, ob ich meinen Standpunkt ausreichend erklärt habe.
>
> Damit keine Missverständnisse aufkommen: Was genau ist bei Ihnen angekommen?

Die Argumentation Ihres Gegenübers anzuerkennen, bedeutet nicht, dass Sie sich ihr anschließen bzw. nachgeben. Sie können auch Standpunkte verstehen, mit denen Sie nicht übereinstimmen. Betonen Sie trotz aller aktueller Differenzen immer auch die vorhandenen Gemeinsamkeiten. Durch Zusammenarbeit haben Sie größte Chancen, Meinungsverschiedenheiten für beide Seiten befriedigend anzugehen und zu einem Kompromiss zu gelangen. Manche Meinungsverschiedenheiten lassen sich nicht grundsätzlich ändern, doch ein fairer Kompromiss ist auch in solchen Fällen für beide Seiten die beste Lösung. Versuchen Sie deshalb, ein für beide Parteien akzeptables Mittelfeld zu erreichen, von wo aus Sie eine gemeinsame Lösung ansteuern können. (vgl. FISHER / SHAPIRO 2019, BERCKHAN 2010)

> **Nehmen Sie Ablehnung nicht persönlich!**
>
> Interpretieren Sie ein Nein nicht als Ablehnung Ihrer Person,
>
> sondern als Nein zum Thema der aktuellen Verhandlung.

DIE KUNST DES NETWORKING

Obwohl Frauen klassischerweise das kommunikativere Geschlecht sind, nutzen Männer in vielen Fällen berufliche Kontakte und Networking wesentlich effektiver für die eigene Karriere. Falls Sie bisher noch nicht aktiv an Ihrem beruflichen Netzwerk arbeiten, lassen Sie sich viele Möglichkeiten entgehen. Gerade in Branchen, in denen Frauen noch größtenteils als Exotinnen betrachtet werden, kann man sich als ambitionierte Frau auch schon einmal etwas einsam vorkommen. Das muss nicht sein. Erweitern Sie systematisch Ihr berufliches Netzwerk und entdecken Sie viele Gleichgesinnte und Verbündete, mit denen Sie sich austauschen und gewinnbringend verbinden können.

Nutzen Sie die Vielfalt des Networking!

Unternehmensinterne Veranstaltungen → Kolleginnen und Kollegen, Vorgesetzte

Branchen-Events → Branchenkolleginnen und -kollegen, neue Arbeitgeber

Messen & Kongresse → neue Kunden, neue Arbeitgeber, Kolleginnen und Kollegen

Karriere-Messen → neue Arbeitgeber, Gleichgesinnte für Erfahrungsaustausch

LinkedIn, Xing, ... → neue Kunden, neue Arbeitgeber, Kolleginnen und Kollegen

Frauen-Netzwerke → Frauen in Führungspositionen und bestimmten Branchen

Foren & Stammtische → Gleichgesinnte für Erfahrungsaustauschtreffen

Weiterbildungen → Fachwissen vertiefen & Social Skills üben

After-Work-Events → Kolleginnen und Kollegen, Vorgesetzte

Gut vernetzt ist halb gewonnen – nutzen Sie berufliches Networking!

Wir leben im Zeitalter der Vernetzung. Doch Studien zeigen, dass lediglich 25 % der Frauen in Deutschland aktives Networking betreiben. Obwohl Frauen die Bedeutung von Networking für den Beruf im Allgemeinen als wichtig betrachten, nutzen sie die Möglichkeiten karrierefördernder Netzwerke bisher nur in geringem Umfang. Hier gibt es also noch Steigerungspotenzial und **jede Menge ungenutzter Möglichkeiten**. Erfreulicherweise zeigt sich, dass die Generation der Millennials in Sachen Networking bereits wesentlich erfahrener und aktiver ist, als ihre Vorgängergenerationen. Die Möglichkeiten des Networking sind sehr vielfältig, wie die Liste im vorhergehenden Abschnitt zeigt. Mehr aktives Networking kann dazu beitragen, die so oft beobachtete gläserne Decke zu durchbrechen. Viele offene Stellen werden über Kontakte und Referenzen und nicht unbedingt über öffentliche Ausschreibungen besetzt. Bringen Sie sich also selbst ins Spiel und werden Sie Teil der unternehmensinternen Diskussion. Haben Sie Mut und werden Sie in Ihrem Unternehmen sichtbar. Nutzen Sie die Branchenexpertise und Verbindungen von erfahrenen Kolleginnen und Kollegen. Pflegen Sie ebenfalls Kontakte zu anderen Abteilungen und profitieren Sie auch von informellen Informationskanälen in Ihrem Betrieb. (vgl. SEIDEL 2020)

Beginnen Sie mit aktivem Karriere-Networking!

Nutzen Sie Meetings, Betriebsversammlungen und Firmenfeiern.

Bauen Sie ein nachhaltiges, abteilungsübergreifendes Netzwerk auf.

Finden Sie eventuell einen Mentor / eine Mentorin.

Seien Sie mutig und bringen Sie sich ins Gespräch ein.

Zusätzlich zum unternehmensinternen Netzwerk ist es sehr sinnvoll, sich auch außerhalb des eigenen Unternehmens nach Gleichgesinnten oder Mentorinnen umzusehen. Dank der Digitalisierung sind die Möglichkeiten des Karriere-Networking inzwischen sehr vielfältig. Informieren Sie sich über unterschiedliche Netzwerke und finden Sie heraus, welche Community am besten zu Ihren persönlichen Bedürfnissen und Themen passt. Es existieren zahlreiche branchenübergreifende **Netzwerke, die sich speziell an Frauen richten**. Auch für berufstätige Mütter gibt es Netzwerke, in denen sie sich Tipps und Anregungen für ihre herausfordernde Doppelrolle holen können. Als Unternehmerin, Ingenieurin oder berufstätige Mutter können Sie außerdem von der aktiven Arbeit von Verbänden profitieren. Manche Netzwerke konzentrieren sich auf die individuellen Karrierechancen, andere Initiativen haben außerdem einen Fokus auf gesellschaftliches Engagement. Die jeweiligen Angebote reichen von digitalen Plattformen und Informationsaustausch über lokale Treffen und Seminare bis zur Vermittlung von Mentoring-Programmen. Lassen Sie sich diese vielfältigen Chancen nicht entgehen und beginnen Sie noch heute mit einem für Sie passenden Networking!

Auswahl an Frauen-Netzwerken und Verbänden

BPW Germany – Business and Professional Women (https://www.bpw-germany.de/)

bietet regionale Netzwerktreffen, Seminare und Mentoring-Programme für Frauen.

Soroptomist International (https://www.soroptimist.de/)

ist eine Service-Organisation berufstätiger Frauen mit gesellschaftspolitischem Engagement.

PANDA – The Women Leadership Network (https://we-are-panda.com/)

ist ein kuratiertes, branchenübergreifendes Netzwerk für Führungsfrauen.

VdU – Verband deutscher Unternehmerinnen (https://www.vdu.de/)

vertritt als branchenübergreifender Wirtschaftsverband Unternehmerinnen.

Webgrrls (https://www.webgrrls.de/)

ist ein Business-Netzwerk zu Karriere, Technologie und gesellschaftlichem Engagement.

MomPreneurs (https://mompreneurs.de/)

ist ein Netzwerk für Frauen, die Mutter und Unternehmerin sind.

New Work Moms (https://www.newworkmoms.de/)

ist ein Netzwerk von Müttern der neuen Arbeitswelt.

Verband berufstätiger Mütter (https://vbm-online.de/)

setzt sich für die Vereinbarkeit von Familie und Beruf ein.

dib – Deutscher Ingenieurinnen Bund e. V. (https://www.dibev.de/)

setzt sich als Verband für Frauen in technischen Berufen ein.

Women in Mobility (https://www.womeninmobility.de/)

engagiert sich für die Sichtbarkeit von Frauen in der Mobilitätsbranche.

Global Digital Women (https://global-digital-women.com/)

richtet sich an Nachwuchs- und Führungskräfte aus der digitalen Branche.

herMoney (https://www.hermoney.de/)

bietet Informationen und Austausch zum Thema Finanzen, Anlagen und Vorsorge.

Support & Empowerment – bauen Sie ein erfolgreiches Umfeld auf!

Berufliches Networking ist ein wichtiger und nützlicher Baustein für Ihre individuelle Karriere. Doch wenn Sie Ihr Potenzial voll entfalten möchten, sollten Sie auch einen kritischen Blick auf Ihr privates Netzwerk richten. Wie viel Kraft und Unterstützung erhalten Sie von den Personen in Ihrem privaten Umfeld? Unterschätzen Sie die Bedeutung von Familie und Freunden auf Ihren beruflichen Erfolg nicht. **Das private Umfeld prägt uns** mehr, als uns in der Regel bewusst ist. Ein optimistisches Umfeld macht optimistischer. Ein erfolgreiches Umfeld macht erfolgreicher. Umgekehrt zieht ein negatives Umfeld zwangsläufig herunter und bremst unnötig aus. Teilen Sie Ihren Optimismus und Ihre Begeisterung mit Ihren Mitmenschen und lassen Sie sich von den positiven Vibes und der Motivation in Ihrer Umgebung anstecken. Gute und stabile Netzwerke leben von einem ausgeglichenen Geben und Nehmen. Haben Sie den Eindruck, dass Ihr privates Umfeld Sie mehr Kraft kostet, als es Ihnen zurückgibt?

Identifizieren Sie Energieräuber und toxische Menschen.

Umgeben Sie sich in Ihrer Freizeit ganz gezielt mit Menschen, die Sie unterstützen und wertschätzen. Seien Sie großzügig, doch lassen Sie sich nicht blind ausnutzen. Nehmen Sie Abstand von Personen, die einseitig nehmen, ohne zu geben. Meiden Sie ebenfalls Personen, die immer nur jammern und alles schlechtreden. Vor allem jedoch trennen Sie sich von toxischen Menschen, die Sie bewusst kleinhalten, um sich selbst zu erhöhen. Hier werden Sie nur Kraft lassen und nichts zurückerhalten. Ein gutes Netzwerk nützt langfristig allen Beteiligten. In einer funktionierenden Community erhalten und geben Sie gleichberechtigt Unterstützung und Motivation.

Wichtige Aspekte eines guten Netzwerks

Vertrauen

Gegenseitigkeit

Hilfsbereitschaft

Offenheit

Ehrlichkeit

achen Sie sich bewusst, wer bereits Teil Ihres privaten Netzwerks ist. Neben Familie und 'eunden gehören u. a. auch Nachbarn, Bekannte aus dem Sportverein oder dem Ehrenamt, emalige Kolleginnen sowie andere Eltern aus dem Kindergarten oder der Schule dazu. Erstellen e eine Liste aller Personen in Ihrem privaten Umfeld. Sie werden erstaunt sein, wie viele das tztendlich sind. Gehen Sie alle Namen durch und prüfen Sie genau, ob diese Kontakte Ihr Leben ereichern oder Sie dauerhaft Kraft kosten. Falls Sie solche Energieräuber identifizieren, nehmen e sich vor, diese Kontakte auf ein Mindestmaß zu reduzieren oder komplett abzubrechen. onzentrieren Sie sich auf die Menschen, die Ihnen Kraft und Rückhalt geben. Pflegen Sie diese estehenden Kontakte aktiv und seien Sie offen für neue Bekanntschaften. Um selbst eine gute etzwerk-Partnerin zu sein, sollten Sie sich immer zuerst die Frage stellen, wem Ihre Fähigkeiten nd Ihr Wissen nützlich sein könnte. Erst in zweiter Linie sollten Sie sich fragen, wie die andere erson Ihnen nützlich sein könnte. Im Sinne Ihrer persönlichen und beruflichen otenzialentfaltung sollten Sie die Bedeutung Ihres privaten Umfeldes unbedingt ernst nehmen nd auf ein ausgeglichenes Geben und Nehmen achten. Netzwerke sind für alle wichtig, doch für erufstätige Mütter können sie von besonderer Bedeutung sein, um die Doppel-Herausforderung on Beruf und Kinderbetreuung im Alltag und in Notsituationen zu bewältigen. Nicht nur Ihre arriere, sondern **Ihr ganzes Leben kann von aktivem Networking profitieren**. Nutzen Sie iese Chance des Informationsaustauschs und der gegenseitigen Motivation und Unterstützung.

ARBEIT IST NICHT ALLES – ERFOLGREICH DURCH BALANCE

Arbeit ist nur das halbe Leben - auch wenn es sich manchmal anders anfühlt. Für langfristigen beruflichen Erfolg ist es unerlässlich, einen gesunden Ausgleich im Privatleben zu finden. Einerseits bietet der private Rahmen die Möglichkeit, den Selbstwert jenseits beruflicher Erfahrungen und Erfolge aufzubauen, andererseits können Sie hier gezielt Ruhe finden und sich selbst reflektieren. Echter Erfolg misst sich auch an einer gelungenen Work-Life-Balance.

Nehmen Sie sich Zeit!

Zeit für sich selbst

Zeit mit der Familie

Zeit mit Freunden

Auch wenn Sie Ihren Beruf lieben und mit Leidenschaft ausüben, sollten Sie die private Hälfte Ihres Lebens nicht vernachlässigen. Das ist für die meisten Menschen eine Herausforderung. Für berufstätige Mütter ist es oft besonders schwer. Mit Blick auf die eigene körperliche und psychische Gesundheit müssen wir lernen, sinnvolle Prioritäten zu setzen.

Gestalten Sie Ihre Freizeit bewusst

Sport und Outdoor-Aktivitäten

Entspannungsübungen und Meditation

Kreative und kontemplative Hobbys

Ehrenamt und soziales Engagement

Für einen gesunden Körper und einen ausgeglichenen Geist braucht jeder Mensch Aktivität und Ruhe, soziale Eingebundenheit und Zeit für sich. Falls Ihr Privatleben für Sie nur ein weiterer Stressfaktor und kein Ausgleich ist, sollten Sie in sich gehen und neue Prioritäten setzen. Haben Sie zu viel Mental Load aus Familie und Haushalt, der Sie belastet? Sprechen Sie mit Ihrem Partner und Ihren Kindern über die Aufgabenverteilungen und Zuständigkeiten zuhause. Gibt es Dinge, bei denen Sie zu übertriebenem Perfektionismus neigen? Haben Sie eine Tendenz zum umgangssprachlichen Helfersyndrom und kümmern sich um alle anderen, nur nicht um sich selbst? Seien Sie ehrlich zu sich selbst. An welchen Stellen machen Sie sich das Leben schwerer, als es sein müsste? Gibt es Dinge oder Hobbys, die Sie schon immer einmal ausprobieren wollten, aber nie die Zeit dazu finden? Seien Sie konsequent und nehmen Sie sich die Zeit!

Stärken und trainieren Sie Ihr Selbstbewusstsein auch im Privaten.

Erfolge können Sie nicht nur im Beruf, sondern auch im Privatleben feiern. Trainieren Sie Ihre Ausdauer und Stärke z. B. beim Sport und nutzen Sie die Chance, in Wettkämpfen Erfolge zu erringen. Gehen Sie regelmäßig laufen? Dann können Sie sich als persönliche Herausforderung bei einem Halbmarathon in Ihrer Gegend anmelden. Fordern Sie sich in den Bereichen, die Ihnen besonderen Spaß machen, gezielt heraus und trainieren Sie Ihre Stärken und den Umgang mit Schwächen. Sind Sie ein eher ruhiger und kreativer Typ, dann machen Sie z. B. einen Fotografie- oder Malkurs und nehmen Sie an der abschließenden Gemeinschaftsausstellung teil. Laden Sie Familie und Freunde ein und üben Sie gezielt, sich und Ihre Arbeit öffentlich zu präsentieren. Geben Sie sich auch Zeit und Raum, um Neues auszuprobieren und immer mal wieder zu experimentieren. Versuchen Sie übermäßigen Perfektionismus, der Sie nur ausbremst, Schritt für Schritt abzubauen. Überlasten Sie sich bei Ihren privaten Projekten nicht. Diese persönlichen Herausforderungen sollen Sie fordern, jedoch nicht überfordern. Freude und Leichtigkeit sollten im Privaten immer im Vordergrund stehen.

Richten Sie für Ihre Gesundheit eine regelmäßige Me-Time ein!

Vielen ist nicht bewusst, dass regelmäßige Selbstfürsorge ein wichtiger Baustein für Leistungsfähigkeit in allen Bereichen des Lebens ist. Wer langfristig erfolgreich, leistungsfähig und gesund bleiben möchte, sollte unbedingt eine feste Me-Time im Kalender notieren und konsequent einhalten. Sprechen Sie mit Ihrem Partner oder Ihrer Familie darüber, dass Sie diese Zeit für sich selbst brauchen. Kommunizieren Sie den Nutzen für alle, wenn Sie als Partnerin und Mutter entspannter und zufriedener sind. Eine regelmäßige Me-Time ist kein Luxus, sollte in Ihrem Leben eine Selbstverständlichkeit werden, die Sie regelmäßig einplanen und auch einhalten.

Der magische Morgen: Morgen-Routine für erfolgreiche Menschen

Wie starten Sie morgens in den Tag? Müde und schlecht gelaunt oder motiviert und voller Tatendrang? Das Geheimnis vieler erfolgreicher Menschen ist ein regelmäßiges Morgenritual, das gleich zu Beginn des Tages für Ausgeglichenheit und Energie sorgt. Wenn Sie beruflich durchstarten und Ihr ganzes Potenzial entfalten möchten, kann ich Ihnen nur empfehlen, ein tägliches Morgenritual in Ihrem Alltag zu etablieren. Eine solche tägliche Routine kann Wunder bewirken, um Kraftreserven zu mobilisieren und innere Balance zu finden.

> Stellen Sie am Morgen die Weichen für den weiteren Tag.

Ein regelmäßiges Morgenritual kann den entscheidenden Unterschied machen zwischen Aufstehen-Müssen und Aufstehen-Wollen. Das gilt ganz besonders auch für Morgenmuffel. Probieren Sie es aus und Sie werden es selbst erleben. Treffen Sie eine bewusste Entscheidung für sich selbst und schenken Sie sich mehr Lebensfreude und Motivation. Gerade wenn Sie am Morgen nur schwer aus dem Bett kommen, ist eine feste morgendliche Routine genau das Richtige für Sie. Überwinden Sie den Drang, die Schlummertaste zu drücken. Stellen Sie Ihren Wecker z. B. so im Zimmer auf, dass Sie aufstehen müssen, um ihn auszuschalten. Wenn Sie dann schon einmal auf den Beinen sind, kann es direkt losgehen. Waschen Sie sich das Gesicht, putzen Sie sich die Zähne und ziehen Sie Ihre Sportkleidung an. Trinken Sie ein großes Glas Wasser. Dann kann Ihr persönliches Morgenritual starten. Um die volle Wirkung zu entfalten, muss die Morgen-Routine konsequent jeden Tag durchgeführt werden. Erfahrungsgemäß ist das nur am Anfang schwierig. Denn mit der Zeit werden Sie auf diese bereichernde Me-Time am Morgen nicht mehr verzichten wollen. Der Begriff Miracle Morning© für die Morgen-Routine erfolgreicher Menschen stammt von Hal Elrod, dessen vielfach bewährte Methode auch das Praxis-Programm dieses Buches stark beeinflusst hat. Wie genau so eine morgendliche Erfolgsroutine aussehen kann, erfahren Sie im abschließenden Praxis-Kapitel, in dem ich Ihnen ein einfach umzusetzendes 3-Wochen-Programm für Ihr persönliches Erfolgs-Mindset vorstelle.

> **Ihre Morgen-Routine für Erfolg & Zufriedenheit**
>
> Sie starten motiviert & ausgeglichen in den Tag.
>
> Sie nehmen sich täglich Zeit für sich selbst.
>
> Sie haben Zeit zur Innenschau und Reflexion.

Bonus: In 3 Wochen zum Erfolgs-Mindset – ein Praxis-Programm

chtung: Dieses Praxis-Programm „In 3 Wochen zum Erfolgs-Mindset“ kann Wunder wirken! Ja, ie lesen richtig. Das meine ich ernst. Doch dieses Programm bewirkt keine übernatürlichen rscheinungen, sondern bringt ans Licht, was schon Ihr ganzes Leben lang in Ihnen schlummerte. s handelt sich nicht um Magie, sondern um praktisch angewandte Psychologie, deren Resultate edoch tatsächlich magisch sein können. Dieses Praxis-Programm hat zwei Varianten mit nterschiedlichem Zeitaufwand. Ihre Wirkung ist sehr ähnlich, wenn sie jeweils konsequent täglich mgesetzt werden. Die erste Morgen-Routine basiert auf Hal Elrods sehr erfolgreicher Methode es Miracle Morning©, die 60 Minuten beansprucht. Die alternative Morgen-Routine für das ersönliche Erfolgs-Mindset dauert 15 Minuten und wird durch eine zusätzliche 15-minütige bend-Routine ergänzt. Beide Varianten basieren auf denselben Prinzipien und Wirkungsweisen. er einstündige Miracle Morning© ist als Erfolgs-Routine unbedingt empfehlenswert. Da die 60 linuten am Morgen jedoch auch einige abschrecken, die Routine überhaupt zu wagen, habe ich us meinen Erfahrungen eine verkürzte und zweigeteilte Variante entwickelt. Denn vor allem **die erste Viertelstunde Ihres Tages ist entscheidend** für die Ausrichtung, mit der Sie den restlichen ag gestalten. Beginnen Sie also auf jeden Fall damit, diesen ersten 15 Minuten am Morgen esondere Aufmerksamkeit zu schenken. Der Verstand fängt automatisch an, sich Sorgen zu machen, sobald er wach ist. Er ist in erster Linie dazu da, uns am Leben zu erhalten und nicht, um ns glücklicher und zufriedener zu machen. Dieser Automatismus lässt sich allerdings durchbrechen, wenn Sie Ihrem Geist eine andere Routine mit klarer Struktur vorgeben. Etwas Neues zu etablieren, fällt dem Gewohnheitstier Mensch zunächst nicht einfach, doch mit ein klein wenig Motivation und Ausdauer können Sie dann das Gewohnheitsprinzip für sich arbeiten lassen.

In seinem Buch „Miracle Morning. Die Stunde, die alles verändert“ erläutert Hal Elrod eine Morgen-Routine von 60 Minuten, die sechs individuell ausgestaltbare Punkte enthält. In der englischen Originalfassung werden diese sechs Punkte als Life SAVERS (Lebensretter) zusammengefasst: **S**ilence, **A**ffirmation, **V**isualization, **E**xercise, **R**eading, **S**cribing. Die deutsche Variante der sechs Lebensretter sind Stille, Affirmation, Visualisierung, Bewegung, Lesen und Schreiben. Diese sechs Praktiken sind zentrale Elemente für die Etablierung einer ausgeglichenen Lebensweise und eines positiven und erfolgsorientierten Geistes.

Die 6 Schlüssel zum Erfolgs-Mindset

Stille – kehren Sie in sich, werden Sie ruhig und lauschen Sie der Stille.

Affirmationen – begegnen Sie alten Glaubenssätzen mit neuen Gedanken.

Visualisierungen – fokussieren Sie Ihre Ziele durch starke innere Bilder.

Bewegung – ein gesunder Geist lebt und arbeitet in einem gesunden Körper.

Lesen – füttern Sie Ihren Verstand und Ihr Herz täglich mit gutem Lesestoff.

Schreiben – führen Sie Tagebuch. Reflektieren Sie Ihre Erfolge & Herausforderungen.

Diese sechs Schlüssel ermöglichen es Ihnen, sich gezielt auszubalancieren und zu entspannen und sich außerdem ganz bewusst zu reflektieren und erfolgreich auszurichten. **Stille** kann man in unterschiedlichen Übungen und Methoden finden. Für die meisten Menschen ist es besonders leicht, über die Atembetrachtung in einen Zustand der Ruhe zu gelangen. Ebenso eignen sich alle Formen der Achtsamkeitspraxis, die dazu anleiten, ganz im Hier und Jetzt zu sein. Entscheidend ist es, dem unbewussten Strom der Gedanken eine bewusste Ausrichtung entgegenzusetzen. Wenn alle inneren Stimmen zur Ruhe kommen, können wir der Stille lauschen, in der wir die wirklich wichtigen Antworten finden. **Affirmationen** sind eine sehr bewährte Methode, um hinderliche Glaubenssätze durch konstruktive und erfolgsorientierte Gedanken und Sätze auszutauschen. Affirmationen bilden Sie durch die positive Umformulierung Ihrer negativen Gedanken und Annahmen. Sie enthalten keine Verneinungen. Sie sind wertschätzend und gegenwärtig formuliert. „Ich schaffe das sowieso nicht." ersetzen Sie z. B. durch Affirmationen wie „Ich bin kompetent und erreiche meine Ziele mit Leichtigkeit und Freude.". Auch diese Methode funktioniert über die konsequente Wiederholung, damit die alten Sätze durch die neuen langfristig überschrieben werden. Weitere Beispiele für Affirmationen sind z. B.: „Ich bin ein wertvoller Mensch und verdiene Anerkennung.", „Ich bin stark und ausgeglichen. Ich wahre meine Grenzen." oder „Ich bin kompetent und handlungsfähig. Ich setze mich mit Leichtigkeit durch.". **Visualisierungen** sind ein sehr effektives Werkzeug, um persönliche Ziele und Erfolge zu fokussieren und zu verwirklichen. Je klarer und detailreicher Ihr inneres Bild vom eigenen Erfolg ist, umso leichter lässt er sich auch umsetzen. Diese Methode hilft, die eigenen Ziele zu konkretisieren und deutlich vor Augen zu haben. Visualisierungen können Sie in allen Lebensbereichen nutzen, um eine Veränderung oder Entwicklung eines Zustands anzugehen. Entscheidend ist, dass Sie sich vor Ihrem inneren Auge den angestrebten Erfolg oder die veränderte Situation ganz genau ausmalen und von allen Seiten

:leuchten. Wie sähe Ihr Alltag aus? Wie sähe Ihr Job aus? Wie würde das Ihr Leben verändern? 'as tun Sie genau? Was wäre in Ihrem Umfeld anders? Zur Etablierung eines festverankerten :folgs-Mindsets sind Visualisierungen ein entscheidendes Tool. Nutzen Sie dies auf jeden Fall. **ewegung** ist ein weiterer wichtiger Schlüssel zu einem erfolgreichen Leben, da ganzheitliche esundheit und Leistungsfähigkeit immer Körper und Geist umfasst. Die Möglichkeiten, den genen Körper in Bewegung zu bringen, sind unglaublich vielfältig. Sehr beliebte ewegungsformen für die Morgen-Routine sind z. B. Yoga, Qigong, Pilates, Stretching- oder ymnastikübungen. Spüren Sie in sich hinein und suchen Sie sich ein Bewegungsprogramm, das e regelmäßig umsetzen können und möchten. Hier geht es nicht um Höchstleistungen, sondern arum, den Körper am Morgen zu aktivieren und in Schwung zu bringen. **Lesen** ist eine weitere richtige Disziplin, um das eigene Erfolgs-Mindset mit guten und weiterführenden Gedanken und onzepten zu füllen. Dank der modernen Medien konsumieren wir beinahe ständig Neuigkeiten nd Informationen aller Art, die leider oft nicht sehr viel Inhalt haben. Nähren Sie Ihren Geist eziel mit Lektüre, die Sie persönlich bereichert und weiterbringt. **Schreiben** ist ein usgezeichnetes Mittel, um die eigenen Gedanken festzuhalten und zu strukturieren. agebuchschreiben hilft Ihnen, innere Klarheit zu gewinnen und herausfordernde Situationen aus erschiedenen Perspektiven zu betrachten. Halten Sie auf jeden Fall auch Ihre Erfolge konsequent est, die sonst im Bewusstsein gern zugunsten der Misserfolge verdrängt werden.

'orbereitungen für beide Morgen-Routinen

3esorgen Sie sich ein **Notizbuch**, das Sie als Tagebuch verwenden, falls Sie noch keines führen. In liesem Buch halten Sie Ihre definierten Ziele, Vereinbarungen mit sich selbst und Ihre täglichen :rfolge, Herausforderungen und Reflexionen fest. Tragen Sie die Uhrzeit für Ihre Erfolgs-Routine ür die nächsten 21 Tage im Kalender ein. Manchen Menschen hilft es sehr, Ihr Vorhaben mit emandem zu teilen und so eine größere Verbindlichkeit zu schaffen. Eventuell haben Sie auch emandem in Ihrem Umfeld, der oder die ebenfalls direkt mit einer Morgen-Routine für mehr Erfolg ınd Zufriedenheit anfangen möchte. Dann können Sie sich im Verlauf austauschen und gegenseitig notivieren. Kommunizieren Sie Ihr Vorhaben auf jeden Fall mit den Menschen, mit denen Sie leben, lamit Sie Ihre neue Morgen-Routine ungestört durchführen können. Suchen Sie sich **einen festen Ort**, an dem Sie in der fraglichen Zeit ungestört sind. Ihre Erfolgsroutine muss unter allen im Alltag auftretenden Umständen umsetzbar sein. **Wichtig:** Definieren Sie konkrete Ziele und treffen Sie verbindliche Vereinbarungen mit sich selbst.

Halten Sie Ihre Ziele verbindlich & konkret fest!

Ich investiere jeden Tag x Minuten in mein Erfolgs-Mindset.

Ich fange morgen früh, am xx.xx.xx., um xx Uhr mit meiner neuen Routine an.

Ich führe meine Routine im Wohnzimmer / auf dem Balkon / im Garten aus.

Tragen Sie die Zeit für Ihre Erfolgs-Routine in Ihren Kalender ein.

Nehmen Sie sich zur Vorbereitung einen Moment Zeit, um Klarheit über Ihre persönlichen Ziele und Motivationen zu gewinnen. Notieren Sie Ihre Antworten in Ihrem Tagebuch. Entwickeln Sie erste, motivierende Affirmationen für Ihr neues Erfolgs-Mindset. Schreiben Sie die Affirmationen zusätzlich auf mehrere, kleine Zettel, die Sie z. B. am Badezimmerspiegel, am Nachtisch oder Schreibtisch sichtbar befestigen. Gerade am Anfang ist es wichtig, sich das neue Vorhaben immer wieder vor Augen zu führen.

Fragebogen zur Vorbereitung

Warum wollen Sie jetzt mit Ihrer Morgen-Routine beginnen & Ihr Leben verändern?

Was genau möchten Sie in den nächsten 21 Tagen verändern?

Welche Gedanken oder Ängste haben Sie bisher an Ihrer Potenzialentfaltung gehindert?

Welche neuen Gedanken bzw. Affirmationen brauchen Sie zur Umsetzung Ihrer Ziele?

Für welche Aspekte Ihres Lebens und Ihres Alltags sind Sie besonders dankbar?

Sie haben sich nun Ihre persönlichen Ziele und Herausforderungen bewusst gemacht. Sie haben Ihre Motivation benannt und bereits eine oder mehrere hilfreiche Affirmationen erarbeitet. Und Sie haben sich vor Augen geführt, wofür Sie in Ihrem Leben bereits jetzt dankbar sind. Dankbarkeit ist ein sehr starkes Gefühl, dessen positive Energie Sie so oft wie möglich nutzen sollten. Selbst wenn gerade vieles nicht so laufen sollte, wie Sie es sich wünschen, gibt es immer Dinge, für die man dankbar sein kann.

Bestärkende Affirmationen zur Vorbereitung

Ich freue mich, morgen früh, um xx Uhr, mit meiner Morgen-Routine zu beginnen.

Ich habe mich bewusst entschieden, mir dieses Geschenk zu machen.

Ich entfalte mein Potenzial achtsam und freudig an jedem einzelnen Tag.

Zur Einstimmung auf Ihre Morgen-Routine können Sie sich außerdem auch ein sogenanntes Vision-Board erstellen, auf dem Sie Ihre Ziele und Wünsche visuell darstellen. Wie Sie das genau machen, bleibt Ihrer Kreativität überlassen. Wenn Sie einen festen Platz für Ihr Vision-Board finden, können Sie es über die Zeit auch ergänzen oder entsprechend Ihrer Entwicklung anpassen und verändern. Oder erstellen Sie eine Playlist mit Musik, die Sie in den nächsten Wochen begleiten und motivieren kann.

Magischer Morgen – 60-minütige Morgen-Routine für mein Erfolgs-Mindset

Die 60-Minuten-Routine setzt sich aus je 10-Minuten-Einheiten der bereits vorgestellten sechs Schlüssel zum Erfolgs-Mindset zusammen. Sie können die einzelnen Teile nach Belieben kombinieren. Falls Sie sich nicht sicher sind, können Sie sich an der unten aufgeführten Reihenfolge orientieren. Es hat sich allgemein bewährt, mit der Stille und Kontemplation zu beginnen und mit dem aktivierenden Bewegungspart zu enden und in den Tag zu starten.

Das Programm für Ihren magischen Morgen

10 Minuten – Stille (Atemübungen, Achtsamkeit, Meditation, Dankbarkeit üben)

10 Minuten – Visualisierungen (Malen Sie sich Ihren Erfolg in allen Farben aus)

10 Minuten – Affirmationen (Sprechen Sie Ihre Affirmationen laut & deutlich aus)

10 Minuten – Schreiben (Notieren Sie Ereignisse, Gedanken, Gefühle & Reflexionen)

10 Minuten – Lesen (Nähren Sie Ihren Geist gezielt mit inspirierenden Gedanken)

10 Minuten – Bewegung (Machen Sie Sport, Yoga oder tanzen Sie durch den Raum)

Hal Elrod hat zu seinem Miracle Morning© auch ein Notfallprogramm im Miniformat entwickelt. In dieser ultrakurzen Variante werden die sechs Elemente jeweils eine Minute lang praktiziert. Dieses 6-Minuten-Programm für besondere Situationen ermöglicht es, die Morgen-Routine selbst unter Ausnahmebedingungen fortzuführen und damit nicht unterbrechen zu müssen.

Notieren Sie die nächsten 21 Tage täglich:

Wie sind Ihre Selbstwahrnehmung und Ihre Stimmung?

Welche Gedanken oder Gefühle sind bei Ihnen aufgekommen?

Entwickeln Sie bei Bedarf eine neue, passende Affirmation.

Welche Erfolge oder auch Herausforderungen hatten Sie gestern?

Was können Sie aus diesen unterschiedlichen Ereignissen lernen?

Welche Ziele und konkreten Vorhaben verfolgen Sie heute?

Haben Sie Ihre Morgen-Routine komplett ausgeführt?

Jeweils am Ende einer Woche können Sie Ihre Aufzeichnungen aus der gesamten Woche durchgehen und Ihre Erlebnisse und Entwicklungen auswerten. Was fiel Ihnen besonders leicht? Was forderte Sie mehr heraus? Was hat sich verändert? Welche neuen Gedanken haben Sie entwickelt? Welche Schlussfolgerungen können Sie aus Ihrer Woche ziehen? Hier geht es um eine ehrliche und liebevolle Bestandsaufnahme und nicht um eine Leistungsabfrage. Versuchen Sie, sich selbst zu beobachten, ohne allzu viel zu werten. Die Morgen-Routine bietet Ihnen einen Rahmen, in dem Sie sich ganz nach Ihrem individuellen Tempo entfalten und entwickeln können. Geben Sie sich die Zeit, die Sie gerade brauchen.

Miracle Day - 2 x 15 Minuten Routine für mein Erfolgs-Mindset

Kleine neue Gewohnheiten und Übungen haben einen großen Einfluss. Die erste Viertelstunde Ihres Tages wirkt sich prägend auf die ersten 60 Minuten Ihres Tages aus. Diese erste Stunde kann richtungsgebend für Ihren ganzen Tag sein. Eine positive, neue Angewohnheit in den ersten 15 Minuten nach dem Aufstehen kann Ihnen den Weg ebnen zu vielen guten Angewohnheiten im weiteren Verlauf des Tages. Mit einer liebevollen und konstruktiven Ausrichtung in Ihrer Morgen-Routine können Sie jeden Tag zu einem *Miracle Day* machen.

Morgen-Routine für einen Miracle Day

5 Minuten – Stille (z. B. Atemübung, Achtsamkeit, Meditation, Dankbarkeit üben)

5 Minuten – Visualisieren Sie Ihre Ziele & sprechen Sie Ihre Affirmation laut aus

5 Minuten – Bewegung (Führen Sie eine Stretching-, Gymnastik- oder Yogaübung aus)

Sie können diese Morgen-Routine selbstverständlich jederzeit auch auf eine halbe Stunde oder mehr ausdehnen, nur verkürzen sollten Sie sie nicht. Bleiben Sie konsequent und nehmen Sie sich jeden Morgen Zeit für diese entscheidende Viertelstunde, die die Richtung Ihres Tages bestimmen wird. Auch hier können Sie die Reihenfolge der Elemente bei Bedarf variieren. Sonst nutzen Sie diese bewährte Gliederung, die sanft von der Ruhe in die Aktivität führt.

Abend-Routine zum Tagesabschluss

5 Minuten – Schreiben (Notieren Sie Ereignisse, Gedanken, Gefühle & Reflexionen)

5 Minuten – Lesen (Schalten Sie ab & lassen Sie sich von guter Lektüre inspirieren)

5 Minuten – Visualisieren Sie Ihre Ziele & sprechen Sie Ihre Affirmation laut aus

Dieser Tagesausklang ist auch eine gute Maßnahme zur Schlafhygiene, indem Sie nach einem anstrengenden oder turbulenten Tag bewusst zur Ruhe kommen und sich Zeit zur Reflexion geben. Wie auch für die Morgen-Routine gilt, dass Sie sie jederzeit auch ausdehnen können. Doch versuchen Sie auch hier, die 15 Minuten einzuhalten und nicht zu verkürzen. In der Kombination von Morgen- und Abend-Routine nehmen Sie sich jeden Tag insgesamt eine halbe Stunde Zeit und Raum, um die sechs Schlüssel zum Erfolgs-Mindset regelmäßig in Ihren Alltag zu integrieren. Wie bei der 60-minütigen Routine sollten Sie 21 Tage lang die dort aufgeführten Fragen in Ihrem Tagebuch beantworten. Am Ende jeder Woche gehen Sie entsprechend Ihre Aufzeichnungen aus der gesamten Woche durch und werten Ihre Erlebnisse und Entwicklungen aus.

Abschluss des 3-Wochen-Programms für Ihr Erfolgs-Mindset

Loben Sie sich ausgiebig! Sie haben Motivation, Engagement und Durchhaltevermögen bewiesen, auf das Sie stolz sein dürfen. Gönnen Sie sich heute etwas Besonderes, um Ihren Erfolg zu feiern. Teilen Sie Ihre Erlebnisse und Erkenntnisse mit Familie, Freunden oder Kollegen.

Abschließend gehen Sie noch einmal Ihr gesamtes Tagebuch durch und schreiben Sie alles heraus, was für Sie besonders gut und auch was besonders schwierig war. Betrachten Sie diese Liste Ihrer Ressourcen und Herausforderungen. Wo stehen Sie jetzt? Was hat sich verändert? Wo wünschen Sie sich noch weitere Veränderungen? Wie gut konnten Sie mit den Visualisierungen arbeiten? Wie hilfreich sind Ihre aktuellen Affirmationen? An welchen Stellen müssen Sie sich vielleicht noch einmal neu ausrichten? Welche Schlussfolgerungen können Sie aus Ihren Erlebnissen und Aufzeichnungen ziehen? Welche kleinen und großen Erfolge können Sie verzeichnen?

Zwischenbilanz auf Ihrem Weg zum Erfolg

Erkennen Sie Ihre Fortschritte an!

Überprüfen Sie Ihre bisherigen Ziele.

Definieren Sie Ihre Ziele ggf. anders oder neu.

Identifizieren Sie ggf. Veränderungsbedarf.

Finden Sie neue, kreative Lösungen.

Behalten Sie Ihre neue Erfolgs-Routine bei.

Fazit

ls berufstätige Frau im 21. Jahrhundert stehen Sie immer noch vor einigen ungelösten esellschaftlichen Herausforderungen, doch gleichzeitig bieten sich Ihnen auch vielfältige, nie agewesene Möglichkeiten. Es liegt in Ihrer Hand, wie Sie auf Herausforderungen reagieren und re Chancen nutzen. In diesem Buch haben Sie erfahren, wie Sie mentale und emotionale arrieren abbauen können, um zu einem souveränen und authentisch weiblichen Selbst zu finden. e haben jetzt hilfreiche Konzepte und Werkzeuge an der Hand, um Teams motivierend zu führen nd Verhandlungen erfolgreich zu meistern. Sie kennen die Chancen und Möglichkeiten beruflicher nd privater Netzwerke. Sie wissen außerdem, wie Sie durch die Verteilung von Mental Load und ner sinnvollen Freizeitgestaltung unnötige Belastungen abbauen und Ihren Selbstwert steigern önnen. Mit einer auf Ihre Bedürfnisse zugeschnittenen Morgen-Routine können Sie ab sofort aktiv nd zielgerichtet auf ein starkes und ausgeglichenes Erfolgs-Mindset hinarbeiten und alles rreichen, was Sie sich vornehmen. Denken Sie daran, dass stark ist, wer mit seinen Schwächen mzugehen weiß und das weibliche und männliche Prinzip wertschätzt und anwendet. Leben und rbeiten Sie authentisch weiblich und erfolgreich, um Ihre Träume wahr zu machen. Ich wünsche hnen auf Ihrem Weg viel Erfolg und schließe mit dem Appell: Karrierefrauen – volle Fahrt voraus!

Wenn Ihnen mein Buch gefallen hat und Ihnen die Tipps und Trick, sowie das 3-Wochen -Praxis programm dabei geholfen hat Ihre berufliche Laufbahn selbstbestimmt in die Hand zu nehmen, würde ich mich sehr über eine positive Bewertung freuen.

Viel Erfolg auf Ihrem weiteren Weg!

Nicole Kluger

Haftungsausschluss

e Umsetzung aller enthaltenen Informationen, Anleitungen und Strategien dieses Buchs erfolgt auf genes Risiko. Für etwaige Schäden jeglicher Art kann der Autor aus keinem Rechtsgrund eine Haftung bernehmen. Für Schäden materieller oder ideeller Art, die durch die Nutzung oder Nichtnutzung der formationen bzw. durch die Nutzung fehlerhafter und/oder unvollständiger Informationen verursacht urden, sind Haftungsansprüche gegen den Autor grundsätzlich ausgeschlossen. Ausgeschlossen sind aher auch jegliche Rechts- und Schadensersatzansprüche. Dieses Werk wurde mit größter Sorgfalt nach estem Wissen und Gewissen erarbeitet und niedergeschrieben. Für die Aktualität, Vollständigkeit und ualität der Informationen übernimmt der Autor jedoch keinerlei Gewähr. Auch können Druckfehler und lschinformationen nicht vollständig ausgeschlossen werden. Für fehlerhafte Angaben vom Autor kann eine juristische Verantwortung sowie Haftung in irgendeiner Form übernommen werden.

Urheberrecht

Impressum:

1. Auflage

Vertreten durch: Maximilian Debus

Poststraße 19

87439 Kempten

Printed in Poland
by Amazon Fulfillment
Poland Sp. z o.o., Wrocław

19628418R00057